Bärbel und Harald

Epos

Gedicht in 26 Teilen

Harald Birgfeld

Harald Birgfeld, geb. in Rostock, lebt seit 2001 in 79423 Heitersheim. Von Hause aus Dipl.-Ingenieur, befasst er sich seit 1980 mit Lyrik. In mindestens 23 Anthologien ist er vertreten. Alle derzeitigen Veröffentlichungen im Anhang.
Harald Birgfeld schrieb seine Gedichte überwiegend während der Fahrten in der Hamburger S-Bahn zur und von der Arbeit, inzwischen mehr als 12.000 Strophen.

Aus dem Gutachten, 1986, einer an der Universität Freiburg tätigen Literaturwissenschaftlerin:
"Es lohnt sich, einmal einen heutigen Dichter kennen zu lernen, der mit der deutschen Sprache einen faszinierend fremden Weg betritt und trotzdem dem Leser Freiraum lässt für eigene Gedankengänge, ohne dass die Probleme in erhobener Zeigefingermanier zu zeitkritischen Trampelpfaden werden."

Herausgeber, Autor, Redakteur: Harald Birgfeld.
e-mail: Harald.Birgfeld@t-online.de.
Im Internet unter: http://www.Harald-Birgfeld.de

© 2018
Herstellung und Verlag: BoD – Books on Demand, Norderstedt.
ISBN: 9783748130628

Inhaltsverzeichnis, ...Seite

Zielt auf eine andre Frauengruppe,
Alles Künstlerinnen,
Die ich auch nicht sehen,
Nichts von ihnen hören mag.

Um sich in dieser ungerechten Welt der Männer,
Wie sie sicherlich zu Recht behaupten,
Durchzusetzen,
Schufen diese Frauen einsam und gemeinsam
Ein aus Ton gebranntes Kunstwerk, ‚Dinner Party`,
Das als ‚Fest der 1000 Frauen`
Namen aller Frauen trägt,
Von denen man inzwischen weiß,
Wie stark sie waren
Und in fremder und in eigner Sachen dienten,
Kämpften und verloren, siegten
Und gewannen.

Dieses Kunstwerk haben diese Frauen
Rundherum mit Kacheln schönster Formen
Ausgeschmückt und damit einen Tisch gedeckt,
Und was mich daran stört,
Was sie entblößt und das Intimste zeigt,
Das eine Frau doch niemals ohne ihrer selbst,
Wenn überhaupt,
Der Öffentlichkeit überlassen würde,
Ist, dass diese Kacheln
Als ein metergroßes Dreieckmosaik,
Entfremdeter Vaginen anzuschauen sind,
Man isst von ihnen.

Dieses Kunstwerk ist mir völlig
Unzugänglich, fremd, unnahbar,
Und der Zugang sollte doch natürlich sein.

Wenn ich nun beim Gestehen bin,
Dann gebe ich auch zu,
Dass ich ein Bildnis,
Das ich nicht zu denken wage,
Immer wieder vor mir sehe.

Ursprung dafür ist,
Dass eine ausgestreckte Hand
Den abgeschlag'nen Frauenkopf
Am Nackenhaar hoch in die Lüfte hebt.

Es ist ein glatter Schnitt,
Und meine Phantasie verbindet diesen Frauenkopf
Mit einem Rumpf
Und trennt ihn immer wieder
Von den mir bekannten Frauenleibern.

Schmale Schultern, schlanke Körper,
Frauen, die sich bücken,
Schöne Frauennacken mit ein wenig Flaum
Verführen mich zu diesem Bild.

Ich bin dabei getrost,
Es fließt kein Blut,
Und trotzdem suchen meine Augen
Ganz genau den Schnitt,
Der setzt von hinten an.

Das Bild, erinner ich,
Stammt aus der letzten Köpfung
Einer Bremer Mörderin,
Der wurde, sagt man, nicht der Kopf geschoren.

Ich empfinde keinerlei Triumph
Und keinerlei Befriedigung
Und kein Bedauern, nichts,
In mir ist alles abgestumpft.

Es ist ein monotoner Ablauf,
Wolken sind es,
Die sich hoch am Himmel ineinander schieben
Und sich trennen,
Sich erneut zusammenfügen
Und dann auseinanderlaufen.

Ich bin des Öfteren in einem Haus
Mit mehreren Etagen.
Darin treffe ich auf Angestellte,
Mitarbeiterinnen und Kollegen.

Vor zwei Jahren oder länger fing dort eine Neue an,
Kurz unter dreißig Jahren,
Und der sträubte sich,
Als ich ihr erstmals „Guten Morgen" sagte,
Gleich das Silberfell der Arme.

Das sieht man bei blonden Frauen gut,
Und ihre Augen, ihre Haare
Und ihr schräg nach vorn geneigter Nacken,
Fielen mir gleich in die Hände,
Ohne dass sie meine Räuberei bemerkte.

Später allerdings entdeckte ich,
Das wusste ich nur jetzt noch nicht,
Dass ich der mehr Beraubte war.

Sie hatte mir im ersten Augenblick
Die Stimme, meine Augenfarbe,
Was ich sagte,
Und viel schlimmer,
Alles, was ich sagen wollte, sagen würde,
Schon im Vorhinein gestohlen.

Die Gedanken, die ich hatte,
Hatte sie mit diesem ersten Angriff,
Den ich noch als Sieg für mich verbuchte,
Mir so tief gestohlen,
Dass ich mich durch sie
Zum eigenen Gefängnis machen ließ
Und dachte nur und nur und nur an sie
Und kehrte immer wieder, immer mehr
Von allen, allem andren fast, wie heim zu ihr.

Den Gegenangriff
Hatte ich sofort und instinktiv gespürt
Und ihn als Sympathie gewertet,

Und ich wusste auch,
Sie hatte einen Mann,
Und alles würde im Gerede bleiben
Und es würde nichts in diesem Hause
Ins Gerede kommen,
Und für mich war es genau das gleiche.

Meine Frau konnt' ich ja nicht betrügen,
Und ich schrieb an einer großen Sache,
Die stand grade auf
Und brauchte mich total,
Und außerdem,
Das redete ich mir seit Kurzem wieder ein,
Geschah im Leben alles unter einer
Höh'ren Ordnung,
Die hätt diesen Einbruch
Nur als Fügung zugelassen,
Nicht als Willen meinerseits.

Trotzdem,
Ich malte mir in einer Ehrlichkeit,
Die ich nicht lassen konnte,
Alle Chancen bei ihr aus,
Und sie wohl auch.
Ich strich die Segel,
Wegen dieser Aussichtslosigkeiten,
Und behielt den Eindruck ihrer Sympathie.

Sie hatte in den zwei Sekunden,
Die ich „Guten Morgen" sagte,
Eine große Schlacht geschlagen,
Und ich gab mir keine Mühe
Einen Blick in ihren schönen Kopf
Zu werfen.

Sie hingegen sah schon festes Land,
Und über ihren Hals ergoss sich
Dunkles Rot, das stieg schnell auf
Das steckte ihre Wangen an
Und ihren Mund,
Der war sonst ungeschminkt,

Stieg bis in ihre Augenlider
Und darüber in die Stirn..
Sie kannte sich genau.

Ihr blondes Haar stand auf der Schulter,
Stützte sich als Bilderrahmen,
Als ein hochgestellter Kragen
Darauf ab,
Ein Vorhang, der Kulisse hatte,
Und sie sagte fest,
Mit einem Willen, der erschrecken lassen könnte
Und zugleich mit einem Unterton,
Der galt nur mir:
„Das wünsch ich Ihnen auch".

Die Augen heftete sie an den Boden,
Und ich riet, wie weit die Wurzeln dieser Röte
In die Tiefe stießen,
Und sie ließ mir Zeit
Darüber nachzudenken.

Gegenüber saß die andre Frau,
Ein freier Mensch,
Den immer frohe Laune stach,
Dass ich sie manchmal darum mied,
Die kam dazwischen:
„Ihr in eurem Alter braucht euch vor Verlegenheit
Nicht zu verstecken",
Und wir schreckten beide hoch
Und sahen sie mit aufgeriss'nen Augen an.

Ich musste mich erinnern,
Wo ich war, und grüßte sie
Und sagte zu der Neuen,
Dass ich mich das eine und das andre Mal
Hier sehen lassen müsste,
Um ihr ihre Arbeit zu erklären,
Und um sie nach Fragen abzufragen,
Falls sie welche hätte,
Und die Unterschriften,
Die sie von mir brauchen würde,

Gäbe ich an meinem Tisch,
Der stünde zwei Etagen tiefer;
Und für mich war es nicht neu,
Die Neuen einzuweisen,
Und ich achtete aus vielen Gründen
Stets darauf,
Dass immer eine weitere Person zugegen war.

Die Unterschriften gab ich nur
An meinem Tisch.
Dort gab es immer und für alles Leute,
Die die Augen vorn und hinten hatten
Und mich sehen konnten,
Und ich war zugleich in meiner Ecke
So getrennt von denen,
Dass ich die Gespräche führen
Und auch wählen konnte, wie es nötig war
Und wie ich selbst es wollte,
Und ich konnte auch Gespräche
Ganz dem Partner überlassen,
Niemand konnte uns verstehen.

Von dort oben zog ich mich verwirrt zurück
Und schämte mich dafür vor mir:
‚Du bist wohl drauf und dran dich zu verlieben!
Bist ein Trottel, hast Familie,
Bist schon über fünfundvierzig Jahre,
Siehst doch allen Frauen nach,
Und meistens wegen einer Kleinigkeit.
An die gewöhnst du dich wie an die anderen.
Denk an die eigne Frau,
Und lass das kindische Benehmen sein,
Und reiß dich doch zusammen,
Denk an ihren Mann,
Den kennst du nicht.
Lass dich nur nicht so schnell dort oben
Wieder blicken
Und bedenke
Eine Frau aus zweiter Hand
Würd'st du nie nehmen, so groß
Kann die Liebe gar nicht werden,

Und ein Abenteuer kommt für dich
Am Arbeitsplatz niemals in Frage.'
Also rettete ich mich
Und war schon auf der Flucht,
Und fühlte mich auch überlegen,
Und in mein Gedankengut
Sah ich den Keim von ihr gelegt,
Der zündete als eine Explosion
Nach innen.

Es kamen lange Sommerwochen,
Wo die Arbeit, wo uns das Geschäft,
In Ruhe ließ.
Es tat sich nichts,
Und wir versuchten alles
Ins Gespräch zu kommen, ohne aufzufallen,
Ohne unbesonnen uns zu offenbaren.

Ich erfuhr von ihr,
Dass sie noch keine Kinder hatte,
Und wir sprachen über viele int'ressante Dinge,
Kunst und Wissenschaft,
Sie hatte grad ihr Studium
Erfolglos abgebrochen und lag so wie ich
Stets auf der Lauer nach dem Denkbaren.
Wir trafen uns bei ihr dort oben,
Und bei mir dort unten,
Und wir waren nie allein
Es sei denn, dass wir in die Pause gingen
Und das Haus verließen,
Um in der Kantine unter anderen
Allein zu sein,
Das war für mich als säße ich einem Kino
Und versuchte auf die Leinwandhelden
Einzureden.
Jeder von uns beiden sprach am anderen vorbei
Und meinte ihn doch pausenlos zu meinen.

Damals richtete ich manchen Weg so ein,
Dass ich in ihre Nähe kam,

Der morgendliche Weg war mir genauso recht
Wie unser Treppenhaus,
Und immer häufiger sprach ich mit ihr.

Sie hatte eine Eigenart, der war ich
Auf der Spur.

Sie konnte mich mit Argumenten fangen,
Die ich selber spürte
Und oft vor mir hatte,
Aber nie aussprach,
Sie konnte mir die Sicherheit,
Die mich umgab,
Die ich für meine große Sache,
Eine dichterische Arbeit, brauchte,
Rauben.
Konnte alles schnell ins Wanken bringen,
Und sie führte mich an Punkte
Meiner Unzufriedenheit.
Und ihre Argumente waren,
Dass ich durch und durch verlogen wäre,
Und ein typisches Produkt totaler Hörigkeit.
Ich sollte endlich einmal
Irgendetwas nur für mich entscheiden,
Und nicht immer so, wie ich wohl meinte,
Dass es andere von mir erwarteten.
Ja, wenn ich meinte, dass ich mich
In meiner Schreiberei, die neben dem Beruf geschah,
Nicht frei entfalten könnte,
Sollte ich doch alles ‚an den Nagel hängen‘
Und mich ganz dem Antrieb überlassen,
Und man sähe ja auf Anhieb,
Dass ich zu den Opfern meiner Umwelt zählte,
Und sie sähe es mit Schmerzen
Und Bedauern,
Dass ich mich auch ihren Argumenten näherte,
Und keinen festen Standpunkt
Außer monotoner einstudierter Litanei
Mehr von mir geben könnte.
Später sagte sie auch so,
Es gäbe eine Möglichkeit,

Die könnte mir die Freiheit bringen,
Und ich dachte lange nach und kam nicht drauf,
Und dachte auch,
Wie frei ich wirklich wäre,
Und von ihr war ich schon lange nicht mehr frei
Und fuhr in eine Unfreiheit, die mir gefiel.
Bei ihr, so dachte ich, wär alles anders.
Eines, fiel mir plötzlich ein,
War unbedacht von mir
Und nicht bedacht
Und nur in meiner Phantasie vorhanden,
Denn ich nahm es still und schweigend an,
Dass diese Frau mich lieben könnte,
Dass es sich um diese Frau zu werben,
Lohnen könnte,
Dass es bei uns beiden aber nicht zum Schüren
Einer Glut
Und nicht zum Zünden eines Feuers
Kommen würde.

Woher wollte ich nur wissen,
Dass sie überhaupt an Liebe dachte?

In Gesprächen kamen wir uns näher,
Eigentlich nur, um uns nah zu kommen,
Und sie war doch eine Frau
In fester Hand
Und sprach sehr gut von ihrem Mann,
Und ich sprach gut von meiner Frau,
Und über beide sprachen wir sehr wenig.
Sicher sprach sie nur mit mir
Um der Gespräche willen,
Alles int'ressierte sie,
Und die Gedanken an die Liebe
Brach ich endlich ab,
Und schalt mit mir
Und war ein Tor davor
Und hatte nur an mich gedacht
Und nicht an sie.

In Zukunft wollte ich viel sachlicher
Und nüchterner mit ihr verkehren,
Und das würde sie verstehen,
Und ich sprach sie einmal darauf an
Und richtete es ein,
Dass wir alleine waren,
Und ich sagte ihr,
Dass ich sie gerne sähe,
Und ich hätte mehr als Sympathie
Für sie entdeckt,
Die würde schnell an eine Grenze stoßen,
Wo auch andere mit einbezogen werden müssten,
Ob wir wollten oder nicht,
Und bat sie um Entschuldigung,
Weil es an mir gelegen hätte,
Und ich sagte noch im Spaß,
In meinem Horoskop hätt ich gelesen
„Hände weg vom Löwen,
Der ist Gift für einen Skorpion,"
Und sprach natürlich von uns beiden.
Sie war Sommerkind
Und ich im Herbst geboren,
Und sie sagte keck und wurde gar nicht rot,
Dass sie mich liebte,
Und sie ließe nicht davon
Und zeigte mir den Ausschnitt
Eines andren Horoskopes,
Den sie aus der Tasche holte.
Und ich musste lesen,
Was für sie geschrieben stand
„Der Skorpion ist Ihnen
Wie ein Dolch in einer Wunde,
Der sticht fort und fort".

Ich fand die Warnung gut
Und dachte auch an ihren Mann,
Das sagte ich
Und sie sofort,
Der ginge mich nichts an.
Ich dachte an Zuhause und an den Betrug,
Den ich begann,

Betrug auch an dem großen Werk,
Das ich zu schreiben hatte,
Und an meinem Gott,
Den wagte ich ihr erstmals ganz zu zeigen,
Und sie lachte über mich
Und sagte noch
„Du wirst es nie begreifen
Und versuchst es allen, selbst den Unsichtbaren,
Recht zu machen,
Das gelingt dir nicht,
Denk einmal nur an dich,
Und sage mir, dass du mich liebst!"

Ich schwieg sofort
Und hätte auf mein Herz geachtet,
Das schlug Sturm,
Und achtete auf ihren Mund
Und gab ihr einen Kuss.

Es fiel mir dabei auf,
Dass sie ein wenig größer war als ich
Und roch an ihrem Haar
Und fasste sie ganz fest
Und ließ sie sein
Und ging verlegen fort an meinen Arbeitsplatz.
An Ordnung war nicht mehr zu denken,
Und sie war sogleich am Telefon,
Ich hörte sie nur atmen,
Und ich legte auf und nahm mir vieles vor
Und würde sie in allem meiden müssen,
Und zugleich besann ich mich auf mich
Und maß mein Glück,
Es war noch nicht zu fassen.

Der Sommer kroch dahin,
Wir mieden uns in diesen Tagen
Eigentlich war ich es, der ihr auswich,
Ich war außerdem in Angst
Um meinen Arbeitsplatz,
Und eine Liebschaft hätte mich den

Ganz bestimmt gekostet,
Und ich war sehr schroff zu ihr
Und tat ihr vor den andren weh
Und sagte auch,
Dass ich nur noch alleine
Zur Kantine gehen wollte,
Und sie schloss sich der Kollegin an,
Die hatte nichts bemerkt und rief mich auf,
Gerechter zu den Neuen
Und ein wenig rücksichtsvoller
Ihnen gegenüber aufzutreten.

Einmal liefen wir uns noch im Treppenhaus
Ganz unversehens in die Arme,
Und ich war vor Freude fast besinnungslos,
Und unbesonnen küsste ich sie in die hohle Hand,
Die hielt ich mir als Trinkgefäß
An meinen Mund,
Dann auf die Stirn, die war ein wenig heiß,
Ich dachte, so stürmt eine Reiterei,
Wenn sie auf Beute ist,
Dann wendete sie sich, so weit es ging zurück,
Den Kopf an eine Wand gelehnt,
Und unsre Münder lagen als zwei warme Rücken
Aufeinander,
Und es dauerte, bis sie sich öffneten,
Und dabei hielt ich ihr die Hand, wie Kinder,
Die sich zueinander neigen.

Stumm war alles,
Kein Geräusch von uns entstand,
Wie lauschten nur treppauf, treppab,
Dann trieben wir als schnelle Balken,
Die ein Strudel irgendeines Wassers
Nicht zu Boden reißen konnte,
An die Oberfläche,
Wurden frei von seinem Sog
Und drehten uns auf unsren Weg zurück.

Ich ließ sie endlich los,
Die Arme waren lang gestreckt,

Und jeder musste ans Geländer greifen,
Dass er Halt bekam,
Dann war der Augenblick vorbei,
Wir eilten weiter,
Ohne uns noch einmal umzudreh'n,
Das weiß ich jedenfalls von mir.

Zur Mittagszeit verstieß ich sie,
Das konnte sie nicht ahnen
Heute würde ich nichts essen,
Und der Weg in die Kantine
Sei mir viel zu weit.

In ihren Augen standen Tränen,
Und sie ging alleine aus dem Haus
Und rief mich auch nicht an.

In mir begann ein Sandsturm aufzustehen,
Der blies trocken und sehr heiß.

Ich dachte tagelang an meine Freiheit,
Ob es wirklich keine Freiheit sei,
Und mein Zuhause
Schnitt am schlechtesten von allem ab,
Und dabei hatte ich es hier am besten,
Alles war, so dachte ich daheim, durch mich,
Durch meine Rücksichtslosigkeit,
Auf meine dichterische Arbeit abgestellt,
Die ließ sich nur in meiner freien Zeit
Bewältigen,
Und die ließ keine Freiheit zu.

Ich sah das Häusliche von nun an
Mit Befremden an.
Es fehlte mir ja Raum zum Schreiben,
Und die Ruhe war in dieser Enge nicht zu finden,
Und dann hatte ich den Dauerkampf
Mit dem Gewissen, der Familie gegenüber,
Zu ertragen.
Lange Zeit entsandte die Familie

Hohn und Drückebergerei in meine Arbeit
Und in die Gedanken, die ich schaffen wollte;
Sandte mir mit Worten
Beileidstelegramme in mein Werk,
Sie wusste es nicht besser,
Und sie ahnte nicht, dass ich mein Schaffen
Gegen alles, über alles stellen würde,
Und ich dachte doch,
Dass es ein Auftrag sei von höchster Stelle,
Und der sei an mich ergangen;
Und ich wusste auch,
Dass ich mit meiner Eitelkeit
An einer Waffe schmiedete, die hing nun
Über meinem Schreibtisch,
War auf mich gerichtet,
So bedrohte ich mich selbst.

Es war die Waffe,
Die hängt jeder Dichter über sich
Und rechnet täglich mit der Tötung,
Durch sich selbst,
Die treibt ihn an zu schreiben,
Die verletzt ihn dauernd schwer
Und lässt ihn auch gesunden.

Diese Waffe ist ein Fallbeil,
Das im Gegensatz zu andren dauernd niederfährt,
Das steht im Blutbad einer Köpferei
An dieser einzigen Person
Und steht nicht still.

Die Häuslichkeit ist eine rücksichtslose Enge
Und ich konnte keinen Raum für mich alleine
Schaffen,
Dauernd brachen Stimmen ein,
Und jemand hatte hier zu tun,
Ich hing ein Schild von außen an die Tür,
Das brachte wenig Schutz,
Denn, wenn schon keiner einbrach,
Lagen meine Ohren, meine Augen
Auf dem kleinen Flur davor

Und hielten Wache.
Als den Tänzer auf dem Seil
Muss man den Dichter sehen.
Niemals darf man ihn im Schaffen stören,
Nicht einmal mit den Gedanken,
Weil die als ein Zerren an dem Faden
Aufgenommen werden
Und ihn stürzen lassen.

Schwankend ist sein Leben ohnehin,
Und pausenlos wird er zu Fall gebracht
Und schlägt sich Wunden,
Die erkennt kein Mensch,
Die heilen auch nur schwer.

Für diese Dinge gibt es selbstverständlich
Keine Lösung,
Selbst ein Schloss mit Dienerschaft,
Wie ich es manchmal denke,
Käme ungelegen,
Weil, und das ist ihm ein Widerspruch,
Dasselbe Leben, das ihn stört,
In seinem Rücken leben muss.
Er muss es spüren,
Es muss ihm die Kehle drücken, .
Er darf sich ihm nicht entziehen.

So kam meine Häuslichkeit am schlechtesten davon
Und war vielleicht das Beet
Auf dem allein und einzig
Meine dichterische Arbeit wachsen konnte.

Der Gedanke an die Trennung drängte sich mir auf,
Und ich tat alles,
Um mich innerlich und äußerlich vom Haus
Und der Familie loszusagen,
Das kam meiner Arbeit sowieso entgegen,
Und ich wusste nicht mehr ein noch aus
Und rief nach meinem Gott,
Der sollte bei mir stehen,
Weil ich alles, was ich dachte

Auch zugleich gleich widerrief,
Und wenn ich dachte,
Dass ich einen Auftrag zu erfüllen hätte,
Fühlte ich mich auserwählt
Und lachte augenblicklich
Über die Naivität von mir.

Ich konnte so nicht auf mich zählen,
Und ich nahm mich ernst
Und spottete auf meinen Weg,
Der war der Weg des ganz Gerechten,
Und er tummelte sich in der Ungerechtigkeit,
Die richtete sich gegen mich
Und gegen sie
Und gegen ihren Mann
Und gegen die Familie, die ich hatte,
Und sie kam, als Gipfel meiner Ungerechtigkeit,
Von ihm, von meinem Gott;
Und hätte mich ein Mensch gefragt
„Glaubst du an Gott?"
Hätt ich mich in Verlegenheit gesonnt
Und sicher nicht bekannt.

Der Neuen gegenüber,
Ja, ich tu mich schwer mit ihrem Namen,
Will jetzt noch nicht
Auf die Passage meiner Lippen trauen,
Vor ihr grub ich alles aus
Und ließ es mir von ihr zerstören.

Dumm ist jeder Mensch, der seine Hand
In kochend Wasser hält.

Die Freiheit, die ich hatte und bedachte,
Hätte ich von einem weiteren Verschluss
Befreien müssen,
Das war dieser Zwang zu schreiben.

Nichts konnt' ich mir denken,
Das mich den Entschluss zu schreiben
Jemals hätte reuen lassen können.

Alles war ich dafür aufzugeben
Und zu opfern
Und zurückzudrängen fest entschlossen
Und bereit.
Der Zwang zu schreiben,
War der Zwang an sich an mir,
Es war die Möglichkeit auf die ich
Zwei Jahrzehnte hoffnungsvoll gelauert hatte,
Und von der ich schwer geträumt,
Auf die ich ahnungsvoll gewartet hatte,
Und nun stand sie endlich in der Tür,
In einer off'nen Tür
Und ließ mich ihre Schwelle überschreiten
Und die neuen Räume mehr und mehr erobern,
Nichts hätt mehr vor dieser Möglichkeit
Gegolten,
Und sie brachte einen schwachen Punkt mit sich:
Wer mich in ihr bestärkt
Und unterstützt, sogar gefördert hätte,
Wäre die Verkörperung der Möglichkeit
Für mich geworden,
Und ich sehnte mich danach
Und spielte unentwegt mit dem Gedanken
Es der Frau ganz unbedacht zu unterstellen,
Und ihr leichtes Spiel mit mir zu machen.
So, auf diesem Weg,
Wär ich bereit gewesen
Alles aufzugeben.
Darin sah ich einzig die Gelegenheit
In meinem Leben diesem Leben
Ohne Reue zu entrinnen.

Neuanfang mit ihr stand in der Tür,
Und in der Tür stand neben ihr ein Königreich,
Das legte sie mir vor die Füße,
Sie sich selbst dazu,
Ich brauchte nur danach zu greifen
Und mit ihr zu gehen.
Neuanfang und Neubeginn verlangten keine billige Bezahlung.
Vieles würde liegen bleiben
Trennung von Familie, Haus und Arbeitsplatz,

Ihr Mann und Schwierigkeiten über Schwierigkeiten
Sah ich an dem Weg.

Ich wusste nichts von ihr,
Nicht wie sie lebte
Nicht, was in ihr lebte.
Letztlich hätte ich,
Das war am schlimmsten,
Meine Treue brechen müssen.
Davor hatte ich die Angst,
Weil dieser Schritt so gar nicht widerrufbar war,
Und sah dabei wie recht sie hatte
Und dass ich das Schlachtvieh meiner Umwelt war
Und dazu hatte machen lassen,
Denn die Treue ist heut nichts mehr wert
Und ist kein Gegenstand der Diskussion,
Und Eifersucht aus diesem Grund
Ist fast schon lächerlich.

Ich litt ganz schrecklich unter dem Gedanken,
Und noch schrecklicher war auszudenken,
Was danach erst käme,
Wenn ich nüchtern und besonnener zu denken hätte
Was hast du getan an dieser Frau
Und an der anderen?

Ich schaffte es, ihr aus dem Weg zu gehen,
Das ging ein paar Tage gut.

Man muss das Leben eines Angestellten sehen,
Der kann sich die größte Mühe geben,
Das nützt alles nichts.

Er hat ein Allerweltsgesicht zu machen
Und kann seinen Widersachern
Nicht entweichen,
Seinen Freunden nicht und,
Wenn sie sich ergibt,
Auch einer Liebschaft nicht,
Und nichts von allem dürfen andre wissen,

Und die Arbeit bindet alle ein und aneinander,
Und nur, wer neutral und ohne jede Auseinandersetzung
Seinen Arbeitstag verbringt und ‚funktioniert',
Hat eine echte Chance.

Launen und auch Stimmungen sind tödlich,
Und die andren werden dann,
Weil sie sich selbst beherrschen müssen,
Unbeherrscht und zu Hyänen, die den,
Der sich gehen lässt,
Im Handumdrehen auseinanderreißen.

Alles das, was außerhalb geschieht,
Bleibt unerwähnt, so soll es sein,
Und kann nicht schaden.

Neuen sieht man vieles nach,
Und andre müssen Vorbild sein.
Wer Vorbild ist,
Soll alle gleich behandeln,
Dann darf er sich sogar Strenge leisten.

Wenn ich sie vor allen stehen ließ
Und sie mit Tränen in den Augen
Ganz allein entließ und ihre Forderung,
Sie zur Kantine zu begleiten, abwies,
Dann war das ein Akt der Strenge,
Den die andern, die es hörten, gelten ließen,
Und im Grunde wehrte ich damit nur die Gefahr
Entdeckt zu werden, von mir ab,
Denn meine Liebe zu der Frau wuchs ungeheuerlich,
Und eigentlich war es ja ein Begehren,
Und, dass sie als erste das Begehren formulierte
Und es mir ganz ruhig hatte sagen können,
Hatte einen Riss in mich getragen,
Der als Sprödbruch
Durch die dicke Decke Eis geschossen war,
Die hatte unter einer Nacht gelegen,
Und es hatte einen mörderischen Schrei in mir gegeben,
Der verhallte nicht.

Die Sommertage waren warm
Und viel zu trocken,
Und der Staub stieg in mir auf.
Es war auch so, dass sich der Sandsturm,
Der in meinem Innern tobte, nicht beruhigte,
Und meine Nächte, meine Träume
Wurden zu dramatischem Entsetzen.

Was sie mich durchleben ließen,
Konnte ich am Morgen nicht mehr wissen,
Aber meine Frau beschwerte sich
Und fragte mich,
Und schlimm sei es mit mir,
Und meine Rufe, meine Schreie seien fürchterlich,
Und ich war nass im Schweiß
Und suchte mich am Tage um so mehr zu fassen.

Meine Frau, so denke ich,
Erkannte die Veränderung
Und konnte sie nicht orten,
Und ich selbst stritt alles ab
Und war in dem Prozess,
Den konnte ich nicht formulieren,
Und ich hatte eine neue Art
Mit der Familie umzugehen,
Die erinnerte mich an den Satelliten,
Dem man lange vor der Korrektur der Bahn
Das Steuerungskommando geben musste,
So ließ ich mich von ihr dirigieren.

Ich war weit, weit draußen,
Und nur selten traf mich ein Befehl.
Ich schwebte fest im Raum
Mit einem Ziel in Aussicht,
Ohne mich nur einen Zentimeter zu bewegen.

Eines Nachmittags rief sie mich an,
Wir waren beide im Büro,
Ich möchte diesen Abend länger bleiben
Und mit ihr spazieren gehen,
Dass wir miteinander reden könnten,

Und sie möchte mich im Park am Wasser treffen
Oder wo ich wollte,
Nur damit man endlich einmal miteinander
Ungestört und ungehört Versprechen sprechen könnte,
Und sie sagte gleich:
„Ich liebe dich",
Und mich verstünd` sie nicht.

Ich sagte: „Ja" und war bereit
Und richtete mich darauf ein
Und gab Zuhause nicht Bescheid,
Man musste doch auch einmal ohne Grund
Nicht pünktlich sein.

„Mein Mann", das sagte sie mir noch,
„hat montags, mittwochs einen Kursus,
Der vermisst mich nicht".

Sie sagte dies am Telefon mit einer Fröhlichkeit,
Als wollte sie aus unsrer Liebe
Kein Geheimnis machen.

Abends gingen wir getrennt aus dem Gebäude,
Trafen uns sofort danach auf einem Weg
Der sich im Park verlor.
Ganz hinten lag der Fluss,
Fast unbewegt,
Die Schiffe standen still auf ihm.

Wir gingen artig, fassten uns nicht an,
Und meine Neigung hielt ich felsenfest zurück,
Ich durfte ihr nicht in die Augen sehen,
Und sie wollte meine Antwort hören,
Die kam so nicht an,
Mein Innenmund schrie noch nicht laut genug.
Ich sagte keinen Ton zu ihr,
Die Stimme blieb in mir.
Ich dachte nur an das,
Was ich mir vorgenommen hatte,
Meinem Wunsch nicht nachzugeben,
Und wir sprachen über eine Stunde lang

Und kamen nicht zum Punkt
Und standen in der Nähe einer Bank.

Dort ließ ich meinen Vorsatz sein,
Nahm sie an ihre Hand
Und setzte sie zu mir
Und gab ihr meine Antwort,
Dass sie sich an mir verschlucken sollte.

Sie war überrascht und nahm mich an
Und hatte den Vulkan in mir entdeckt,
Der brach an vielen Stellen auf.

Ein frischer Wind bewegte sich,
Der strich durch eine angenehme Dunkelheit
Und unser Haar.
Mein Mund war tief in ihr Gesicht getaucht,
Und meine Hand lag unter ihrem Kleid,
Und eine Wohligkeit ergoss sich über mich
Und über sie,
Sie ließ es sich gefallen,
Und sie fragte nun nicht mehr und nicht mehr nach,
Dann drängte ich mit meinem Kopf
In ihren Schoß,
Und ihre Hände fassten mich im Nacken,
Und es war ein liebevolles, angenehmes,
Nie gekanntes Beugen ihres Körpers über mich.

Sie mochte mich,
Und es war neu, dass mich ein Mensch
So liebevoll berührte.

In Sekunden der Erinnerung,
Die wir nicht steuern können,
Die uns überraschen,
Die wir uns gefallen lassen müssen,
Schossen stolze Worte meiner Mutter
Als Verletzungen durch meinen Kopf:
„Ich habe meine Kinder nie im Arm gehabt
Und nie auf meinen Schoß gesetzt,
Wir hatten dafür immer Personal".

Ich dachte, dass ich niemals einen
Kuss von ihr empfangen hatte,
Niemals zur Begrüßung,
Nie zum Abschied,
Keinen Händedruck,
Nie irgendeine Zärtlichkeit.

In einem zweiten Augenblick
Gestand ich mir noch etwas andres ein
Selbst meine Frau vermied es,
Ihre Hand auf mich zu legen,
Ja, mich nur mit einem Streicheln ,anzuregen`,
Denn es endete, so sagte sie, doch immer gleich.
Ich hielt dagegen,
Dass es sowieso und immer wieder so
Beendet würde.

Frauen, die bisher in meinem Leben standen,
Hatten mich nie angefasst,
Und jetzt befiel mich diese Sehnsucht
Nach Liebkosung.
Ich entdeckte sie durch sie ein zweites Mal,
So dass ich innerlich in Tränen stand,
Das wollte ich ihr nie vergessen,
Und ich bat ihr vieles ab
Und sagte nichts zu ihr,
Und dachte auch,
Ich gäbe mich damit noch mehr in ihre Hand
Und schwieg und schwor,
Wenn sie ein Gott in meine Augen sehen
Und sie darin lesen lassen würde,
Sollte sie es wissen und erfahren
Und sah zu ihr auf
Und suchte ihre Augen.

Fast gelangweilt blickte sie den Weg hinab.
Ein Ausdruck war in ihren Zügen,
Der von keiner Regung sprach,
Und ihre Hände kraulten mich,
Als hätte sie ein Hundetier auf ihrem Schoß.

Ich kam nun hoch
Und hörte auf ihr Herz
Und drückte ihr mein Ohr fest auf die Brust,
Dazwischen lag nur wenig Stoff,
Und ihre Brust war mir ein königliches Kissen,
Hinter dem vernahm ich einen Sturm,
Den hatte ich dort nicht erwartet,
Und ich glaubte ihr,
Dass sie das lähmte.

„Wenn du mich nur etwas liebst", so sagte sie,
„Dann sag es mir, ich will es hören".
Ihre Stimme war die sanfte Hand,
Die strich die Kissen glatt,
Und sie betörte mich.
Die Augen waren weich im zarten Blau,
Die Haut war blass.
Ich knöpfte ihre Bluse etwas auf
Und küsste ihre Haut,
Und schloss das Kleid
Und war zufrieden;
Mehr, so dachte ich, ist nicht, zu machen;
Dann sprach sie noch einmal:
„Oft hab ich an meinem Herzen Schmerzen,
Die sind fort, wenn du in meiner Nähe bist
Und mich nicht quälst".
„Du solltest mich vergessen
Und ich dich und auch,
Dass ich auf deinem Schoß gelegen habe.
Lass, es sich dabei bewenden,
Lass es wie es ist. Du weißt,
Dass ich nicht kann, nicht will, nicht darf
Was ich gern möchte,
Und auch der Gedanke,
Dass du einem andren Mann gehörst,
Macht mich ganz krank.
Ich kann nicht eine Frau in Liebe lieben,
Die noch eben einem anderen gehört hat".
Darauf sie
„Das ist ja lächerlich.
Für dich kann ich nicht wieder Jungfrau werden".

Und dann ich
„Ich würde dich für mich auch ganz verlangen
Und mit keinem teilen wollen.
Das ist mehr als nur ein Grund".

Sie blieb ganz ruhig:
„Dann nimm dir ein Zimmer
Und ich zieh zu dir.
Ich suche mir so schnell es geht
Woanders eine Arbeit.
Das ist einfach,
Und ich mache keinen Spaß".
Ich sagte: „Nein" und „Nie".

Und sie gab eine andre Schmeichelei,
Die war noch süßer und viel schlimmer
„Komm mit mir,
Mein Mann hat seinen Kursus, der kommt spät,
Dann bist du ganz bei mir",
Und sagte dies mit einer Selbstverständlichkeit,
Dass ich mich vor sie stellte
Und nichts mehr zu sagen wusste.
Das nahm sie als Zeichen
Und stand auf und sah mich freundlich an,
Ein Engel, dachte ich, gesandt, um mich zu quälen,
Und ich wurde derb:
„In euren Betten soll ich toben,
Und dein Mann erfährt davon
Durch irgendeinen dummen Zufall,
Schlägt mich tot, ich weiß nicht was noch alles".

„Ach das wird er nicht", sie war ganz ruhig,
Sprach auch leise.
„Woher kannst du das wohl wissen,
Ich wär fürchterlich in meiner Raserei!"
Das hatte ihr gefallen,
Und aus ihren Augen blitzte es,
Sie brachte mich voran, das gab ihr Sicherheit
Und Mut.
Mir fiel auch ein,

Dass wir das ‚Sie' hier draußen sofort unterließen
Und das ‚Du' verwendeten.
Wir mussten in der Firma darauf achten,
Und ich sagte es zu ihr.
Sie sagte:
„Mir ist es egal, was andre denken,
Und die im Büro erfahren es doch sowieso.
Ich glaub, die wissen längst Bescheid".
Das konnte ich nicht glauben,
Und sie hätte doch mit niemandem geredet.

Nein, sie habe nichts erzählt.

Ich wurde ruhiger und sah sie wieder an
„Ich muss jetzt geh'n,
Und mit dir geh ich nicht.
Du weißt nicht, was du in mir angerichtet hast".

„An mich denkst du natürlich nicht.
Was soll mit mir geschehen,
Und mein Mann merkt wirklich nichts,
Und wenn er etwas merkt, ist es nicht schlimm".

„Du bist total verrückt.
Warum ist es nicht schlimm,
Das kannst du doch nicht wissen".

Alles war für mich ein Durcheinander,
Und sie sprach in Rätseln,
Die konnt' ich nicht lösen,
Und ich nahm mir vor, dass dies die einzige
Und letzte wirkliche Begegnung
Mit ihr bleiben sollte,
Dachte an die Schreiberei,
An meine Frau, die Treue, die ich wahren wollte,
Die Familie,
Meinen Gott,
Den Arbeitsplatz,
An ihren Mann,
An das, was nachher wäre, wenn jetzt etwas wäre,
Und an sie, die Frau aus zweiter Hand,

Und sagte ihr: „Ich gehe jetzt".

Sie änderte die Stimme,
Wurde rot und rief: „Du Schwein,
Du liebst mich nicht,
Du liebst nur meine Quälerei!"
Und stampfte mit den Füßen auf den Weg
Und klopfte sich mit ihren Fäusten an die Schläfen,
Und ich kam zurück und sagte noch:
„Es geht doch wirklich nicht,
Und wenn es mit uns etwas werden soll,
Dann arrangiert es sich von ganz alleine,
Nicht durch mich und nicht durch dich".

Sie schrie nun auf,
Und etwas, das ich nicht verstand, brach aus.
Es war ein Schrei,
Den hatte ich noch nie von einer Frau gehört.
Ich warf mir ihre Quälerei
Nun wirklich vor.
Dann wurde sie mit einem Atemzug,
Der kam von innen, sanft und sagte
„Gut, wir gehen jetzt zum Bahnhof,
Und ich lasse nicht von meiner Liebe,
Dass du es nur weißt.
Vergiss es nicht und nie,
Und meinen Mann brauchst du nicht zu bedenken.
Tu als gäbe es ihn nicht für dich.
Den lieb ich auch, und er liebt mich.
Es wäre schön, wenn ihr euch gut verstehen könntet,
Und ihr hättet mich,
Und übrigens mag dich mein Mann gut leiden".
Ich blieb auf der Stelle stehen,
Und ich musste ihren Arm ergreifen:
„Also sprecht ihr über mich".
„Natürlich, seit ich in der Firma bin,
Bist du das Hauptgespräch am Morgen und am Abend,
Und wir haben auch dein Buch gekauft,
Und lesen die Gedichte, deine Zeilen,
Die sind schlimmer, als du denkst, für uns.
Wir beide mögen dich

Und nicht so, wie du denkst".

Ich dachte nicht, nicht irgendwie.
„Und deinen Mann willst du betrügen".
„Ich betrüg ihn nicht, auf keinen Fall mit dir".
Ihr Ton war freundlich und versöhnlich,
Sie war nah an mir.
„Ihr seid euch also einig",
Sagte ich nun mehr zu mir.

Erst an der Tür zum Bahnhof konnte ich nicht mehr,
Und mein Verstand nahm nichts mehr auf.
Ich sah auf sie und stellte ihn mir vor,
Dass er mich mögen könnte,
Und es widerte mich an,
Und sie erschien mir als ein Engel
Der in Flammen stand.

Ich stieg in meinen Zug.
Sie blieb zurück
Und sah auf ein Plakat und nicht zu mir.
Ihr Blick war lang und suchte wie vorhin,
Als ich, den Kopf auf ihrem Schoß,
Den Blick nach oben hob.

Mein Gott war voll Erbarmen.
Als ich später, als gewohnt, nach Hause kam,
War die Familie ausgeflogen.
Nur ein Zettel lag im Flur
„Wir kommen alle erst nach sieben Uhr nach Hause",
Und ich brauchte nicht mit Lügen aufzuwarten,
Und ich nahm mir ganz fest vor,
Von nun an wollte ich mich
Wie ein Mann beherrschen,
Und ich dachte auch, dass ich das alles nicht verstünde,
Denn es wäre aus der Sicht der Frau
Nur gut und richtig,
Wenn sie sich dem eignen Mann, dem sie vertraut,
Auch anvertraut,
Und seine Sympathie für mich

Konnt' tausend Gründe haben,
Und bei mir fand ich nur Vorurteil,
Voreingenommenheit
Und meine Selbstzufriedenheit an dieser Frau;
Und das Gefühl, das sie mir gab,
Ja, dass sie sagte, mich zu lieben,
War ein hohes Maß an Ehrlichkeit
Und Offenheit,
Das brachte ich ihr nicht entgegen.

In mir stritten der Verlust
Um wohlbekannte Dinge
Gegen eine neue Liebe,
Die ich gar nicht zu erringen brauchte,
Und ich hegte den Verdacht
Dass ich für sie ein Spielzeug sei,
Dass sie aus einem andren Grund, als Liebe,
Auf mich kam.

Ich dachte auch, sie hätte ein Problem,
Das ich nicht lösen könnte,
Und ich gäbe besser alles auf.
Dann dachte ich, dass sie mit ihrer Liebe
Eine Wahrheit zeigte.
Diese Wahrheit sei nun ich.
Doch war sie nicht allein für mich,
Ich nicht allein für sie,
Das schränkte alles wieder ein,
Und irgendwie hätt ich sie gern und ganz
Für mich gewonnen.

Innerlich war ich zerrissen,
Innerlich war ich zerweint
Und wusste keinen Rat,
Da ging das Telefon, und ich nahm ab,
Und sie war dran und sprach mich an,
Und ich sei fort,
Und sie sei nun allein und bäte mich
Und bat mich, noch einmal zurückzukommen,
Und wir könnten uns in einem Park,
In einer andren Park, direkt im Zentrum treffen,

Und sie machte eine Uhrzeit aus,
Die war nicht einzuhalten,
Und ich hatte keinen Wagen,
Und in diesem Augenblick kam meine Frau zurück,
Und ich versprach zu kommen.

Meine Frau erschrak, dass ich das Haus verließ,
Und konnte meine Eile nicht verstehen,
Und ich sagte ihr
„Ich bin schon auf dem Weg zu einer Vernissage
Und nehm den Wagen".
„Nein", rief sie, „den brauche ich noch unbedingt
Heut Abend",
Und ich nahm die Bahn,
Und alles ging nicht schnell genug,
Und eine Warterei schloss an die andre an.

Dann endlich traf ich sie im Park an einem Wasser,
Und es war dort kalt.
Wir setzten uns auf eine Bank,
Und sie beschwerte sich,
Dass sie mir nicht einmal das Geld für eine Taxe
Wert gewesen sei.
Sie war mit ihrem Rad gekommen
Und seit über einen halben Stunde
An der Stelle.
Jeder Vorsatz war dahin.
Wir lagen uns im Arm,
Und ihre Hände übergriffen mich,
Wir wurden uns einander leiblich
Und vermieden unsre Leiblichkeit.
Sie rollte über meine Schenkel,
Kniete sich von mich
Und legte ihren Kopf in meinen Schoß
Und baute sich mit ihrem Haar ein Nest.

Ein Bild in mir stand auf
Es lässt die Frau die langen Haare
In das Wasser eines Baches gleiten,
Hebt sie seitlich an, und geht mit ihnen
Und dem Wasser, das sich darin hält,

Zu ihm, der liegt im Rasen,
Um ihm seine Stirn zu kühlen.

Keine Frau hat je vor mir gekniet,
Kein Mensch hat je mit mir gemacht,
Was sie ganz einfach tat,
Und diese Demut, diese Liebe,
Dieses Sich- Hingeben nahm ich an
Und schwor ihr innerlich den Vorsatz,
Den ich hatte, ab.

Wir sprachen wenig, kaum in ganzen Sätzen.
Es war kalt,
Und weit entfernt im Park
Sah ich sich jemand nähern,
Und ich sagte leise, froh gestimmt, im Spaß:
„Da kommt dein Mann".
Ich kannte ihn doch nicht,
Und sie sah auf
Und sagte ganz gelangweilt:
„Kann schon sein.
Sein Kursus ist um diese Zeit beendet,
Und er geht dann immer durch den Park,
Wir wohnen hier ja in der Nähe".

Ich versank vor Scham und Angst,
Und ich verstand sie wieder nicht,
Und sah, dass sie vor ihm wohl wirklich
Kein Geheimnis hatte
Und stand auf und ließ sie einfach sitzen
Und ging auf den Weg zurück.
Ich kämpfte gegen meine Tränen an.
Darin verbargen sich die Wut auf mich,
Das Selbstmitleid, die Ohnmacht meines Unverstandes,
Und ich irrte mich im Weg.

Sie kam nicht nachgefahren,
Und ich kam an einem falschen Ausgang
Auf die Straße,
Und die Busse, die ich nehmen musste,
Fuhren nur noch selten,

Und ich fror von innen und von außen
Und stand unterwegs
Und musste wieder warten,
Und es war nach Mitternacht,
Als ich nach Hause kam.

Es schliefen alle, niemand sprach mich an.
Ich ging ins Bett und wünschte mir,
In dieser Nacht möcht doch ein anderer
Der Träumer meiner Träume sein.

Ich weiß nicht,
Ob und wann ich endlich schlief.
Am Morgen ließ man mich in Ruhe,
Und die Augen der Familie
Folgten mir mit großer Neugier,
Und ich dachte dann, du musst doch etwas sagen,
Und, die glauben dir die Vernissage,
Und das ist gut
Und rettet dich vor neuen Lügen.
Und ich sagte: „Gestern ist es spät geworden,
Und der Kunstmarkt bringt nichts Neues".

Tagelang stand nun die Uhrzeit
Zwischen uns ganz still,
Und keiner zog das Uhrwerk auf.
Ich ging nicht zu ihr rauf.

Dann stand sie eines Mittags
Vor dem Schreibtisch,
Um mich für die Mittagspause abzuholen,
Und ich sagte:
„Nein, heut gehe ich allein", und dankte artig,
Weil die anderen uns hörten,
Und das machte ihr nichts aus.

Sie ging mit ihrer Freundin,
Und ich war mir sicher, dass sie auch mit der
Die Angelegenheit bis ins Detail besprach.

Das war mir recht
Und war mir auch ganz gleich,
Denn meine Schwäche, meine Liebe,
Meine, ach, ich weiß nicht was es war zu ihr,
Bestand ja nur vor mir und ihr
Und nicht vor anderen.

In Wahrheit, das erfuhr ich später,
Schwieg sie wie ein Grab auf ihrem Arbeitsplatz
Und redete mit keinem über das,
Was sie für mich und ich für sie empfand.

An einem dieser Tage rief sie mich von oben an,
Das kam nun häufig vor,
Das ließ sich nicht vermeiden,
Und wir hatten dann Geschäftlichkeiten zu bereden.
Diesmal aber sagte sie
„Ich werde nichts mehr essen,
Bis du wieder mit mir redest".

Andre Frauen hätten,
Auch, wenn sie es zehnmal besser wüssten,
Nachgefragt, warum ich nicht mit ihnen
Hätte sprechen wollen..
Sie zog eine Konsequenz und blieb dabei
Und war schon nach zwei Tagen blass,
Und tiefe Ringe hingen unter ihren Augen,
Dass ich mich vor mir beschuldigte
Und wieder mit ihr essen ging
Und bat sie, meinetwegen, mir zu Liebe,
Ihre Folter aufzugeben, ihre Fasterei zu enden,
Und sie fragte mich
Und wollte endlich wissen,
Ob ich sie nun liebe,
Und sie glaube schon nicht mehr daran.

Ich stellte meinen Willen in die Ecke,
Nahm mir ihre Hand
Und küsste die am Mittagstisch
Von außen und von innen und sprach so zu ihr:
„Ich will dein Leben

Und mein Leben nicht erschweren,
Und du weißt,
Ich will, ich kann, ich darf dich niemals lieben,
Und du weißt auch,
Wenn es anders kommen soll,
Dann nicht durch meine Hand;
Und weil du mich nun fragst
Und es anscheinend noch nicht weißt,
So sage ich es dir
Und sage es dir nur dies eine Mal
Und nie in meinem Leben wieder,
Und ich werde es vor allen, die es hören wollen,
Leugnen,
Und vor mir werd ich es nicht in zweites Mal gestehen.
Also, es ist wahr,
Dass ich dich liebe, liebe, liebe,
Mehr als alles in der Welt.
Ich liebe dich und möchte dich,
Ja, alles möchte ich von dir,
Und, glaube mir,
Es fällt mir so unsagbar schwer,
Davon zu lassen,
Und die Liebe, die sich nicht erfüllen lässt,
Gräbt tief in mir ein Grab.
Ich bitte dich darum,
Erschwer uns nicht die Tage,
Die wir wenigstens so nahe beieinander sind,
Und sage diesmal nichts dazu
Und glaube mir,
Auch wenn ich es vor dir und anderen
Nicht zeige.
Und die Gründe will ich dir nicht wieder nennen,
Eines aber ist gewisser als gewiss,
Bevor ich meine große Arbeit nicht beendet habe,
Meine Dichtung abgeschlossen habe,
Das wird nicht vor Mitte nächsten Jahres sein,
Kann sich hier nichts erfüllen,
Weil es sich verbietet,
Nein, weil ich es mir verbiete,
Nein, weil ich es mir verboten habe,
Nein, weil ich es nicht erlauben werde".

Und sie holte Luft
Und hielt den Atem an und glaubte mir
Und hatte sich,
Ich wusste nicht wogegen, nicht wofür, entschieden.

Und sie sagte:
„Wenn du glaubst, das nehme ich so hin
Und lass durch dich mit mir geschehen,
Was die anderen sich wünschen,
Irrst du dich.
Du hilfst dir nicht,
Du willst mir auch nicht helfen,
Und so nehme ich die ganze Sache in die Hand".

Ich sagte: „Das ist gut,
Du machst, was du für richtig hältst",
Und ahnte nichts und sagte noch:
„Ich bitte dich, dass du nun wieder isst".
Es lag mir wirklich viel daran,
Und sie aß eine kleine Speise,
Sah mich dabei lange an und sagte:
„Wenn du wüsstest, was ich alles machen möchte,
Um dich zu bekommen,
Und du könntest alles, alles von mir haben".

Ich sah in ein überirdisches Gesicht,
Das wurde eingerahmt von blonden Haaren,
Und ich dankte meinem Gott für ihre Einsicht,
Sagte davon aber nichts zu ihr und hoffte nur,
Dass niemand, der uns kannte,
Meine Zuneigung zu dieser Frau
Bemerkt und wirklich wahrgenommen hatte.

Dann kam dieser Wochenanfang,
Und sie schrieb mir einen Brief nach Hause,
Der zwang mich,
Obwohl er noch verschlossen war,
Zur Offenbarung gegenüber meiner Frau.

Ich mag es nicht im Einzelnen erzählen,
Und ich mag es nicht beschreiben,
Und ich leugnete und log
Und schwächte alles ab
Und sagte ihr und mir zum Schluss,
Dass wirklich nichts gewesen wäre zwischen uns,
Und meine Absicht wollte sie nicht hören,
Und sie war sehr ungefasst,
Dann wieder sehr gefasst,
Und ich verwünschte mich und alle Frauen,
Und ich sah, dass sie statt Freude
Nur Probleme brachten,
Und ich dachte auch an meinen Gott dabei,
Das gab mir etwas Ruhe,
Denn ich hätte gern gewusst,
Warum das alles war und sei,
Und schließlich waren wir in seiner Hand,
Und, das ist wahr,
Der Brief, den ich bekommen hatte,
War von mir noch nicht einmal gelesen worden,
Und ich nahm ihn mit mir mit und las ihn dann
Und fand ein Angebot von ihr darin,
Das konnte ich im Anfang nicht verstehen,
Dann besann ich mich.
Sie bot mir an, mit ihr von ihrem Geld zu leben,
Und ich brauchte nichts dafür zu tun
Und könnte ganz für meine Dichtung leben.
Sie verlangte nichts dafür von mir,
Als das Zusammensein.
Sie bot mir auch noch an,
Das Sekretariat für mich zu führen
Und die ganze Schreiberei auf sich zu nehmen,
Mir dies Hauptproblem,
Weil sie es so gut konnte, abzunehmen,
Und ich war von diesem Brief gerührt
Und glaubte ihr nun diese Liebe wirklich,
Aber nicht an das, was sie mir schrieb,
Und machte ihr ein Antwortschreiben
Und sah auch, wie schnell ich immer tiefer
In die Strudel, diesen Sog, geriet
Und fühlte mich sehr wohl dabei.

Ich schrieb ihr, und das meinte ich,
Dass ich ihr meine Liebe niemals hätte
Besser eingestehen können,
Als sie es mit ihren Zeilen machte,
Und die hätten mich nun wirklich überzeugt,
Und vorher, gab ich zu,
Wär ich an ihr noch fast verzweifelt,
Und ich sähe nun, sie wäre sicher meine Chance,
Die einzige Gelegenheit mich zu befrein,
Doch wär sie selbst nicht frei,
Und ich wär vierfach unfrei,
Weil ich doch letztendlich treu zu bleiben hätte,
Meinem Gott gehorchen wollte,
Meine große Arbeit zu beenden hätte
Und mir niemals eine Frau
Mit einem andren würde teilen wollen.
Und ich bat sie, mich zu lassen,
Und es könnte, dürfte, sollte doch nicht sein.
Den Brief und ihren eignen
Sandte ich an sie zurück,
Und meiner Frau gestand ich,
Dieser Frau nun abzusagen,
Und ich nahm mir vor,
Vor ihr von ihr nichts weiter zu erzählen,
Dass sich langsam Ruhe über alles legen konnte.
Außerdem, nahm ich mir vor,
Würd ich, falls Briefe kämen,
Die in einer Art von Selbstbestrafung
Und um mich zu schonen,
Nicht mehr öffnen,
Um sie nicht zu lesen.

Meine Arbeit konnte ich nicht wechseln,
Und der Arbeitsplatz
War ja noch nicht direkt gefährdet
Und stand doch sehr in Gefahr.

Ich weiß nun nicht mehr,
Wann sich was ereignete,
Und wie es in der Folge weiterging.
Mag sein, dass ich das eine und das andre
In der Reihenfolge unabsichtlich fälsche
Oder schon bis hierher nicht ganz richtig wiedergab,
Das eine überging
Und etwas vor der Zeit erzählte.

Sei es wie es sei,
Es ist die Schuld des Kopfes, den ich habe,
Der erinnert sich nicht immer richtig,
Und er sieht die Dinge, die geschehen
Oft in einem ungewohnten Licht,
Ich lasse mich dann blenden
Und muss eine Wirklichkeit ertasten,
Stoße dann auf Wahrheiten, die möcht ich lieber missen
Und auf andere, die bringen mir ein neues Glück,
Das hätte ich mit meinen Augen nie gesehen.
Eines Abends brachte uns ein Taxi
Einen Brief, der war von ihr,
Den ließ ich ungeöffnet.

Meine Frau verstand mich nicht.
Ich sagte nur zu ihr:
„Den möchte ich nicht öffnen",
Und ich sandte ihn am andren Tag
Zurück in einem neuen Umschlag,
Und ich schrieb kein Wort dazu.

Es kam nun mit der Post ein neuer Brief,
Der war von ihrem Mann,
Den machte ich nicht auf,
Den ließ ich für zwei Tage liegen,
Dachte über seinen Inhalt nach
Und kam nicht drauf
Und sandte ihn an ihn zurück
Und schrieb kein Wort dazu.

Sie richtete es auf der Arbeit ein
Und sprach mich auf die Briefe an,

Die könnte ich doch lesen,
Und ich spräche nicht mit ihr
Und riefe sie nicht an,
Und ihre Sätze waren kurz,
Weil man uns nicht entdecken sollte,
Und ich dachte, ihre Freundin
Sei mit ihr im Bund, und innerlich
Schlug ich mir eine Wunde,
Weil ich so beharrlich schwieg und dachte,
Alles könnte man mit Schweigen überschweigen,
Und ich sagte einmal, nur zu ihr,
Als wir in der Kantine saßen:
„Wenn wir jetzt noch Schüler wären,
Brächte man uns anders zur Vernunft.
Man würde dich nach England,
Mich nach Frankreich senden,
Wo wir uns vergessen müssten".

Sie sofort: „Wir sind nicht Schüler,
Ich auf keinen Fall!
Und wer entscheidet über die Vernunft in mir, in dir?
Du bist versteinert,
Und ich habe es mir vorgenommen,
Dich daraus zu lösen,
Aber ohne deine Hilfe werd ich es, nicht schaffen.
Du kannst nicht einmal mehr lieben!
Du liebst nichts, nicht deine Frau,
Die Dichtung nicht, nicht die Familie,
Nicht dein Haus
Und dass du mich liebst, glaub ich nicht.

Es ist mir auch egal.
Ich weiß, dass ich dich liebe,
Und ich weiß, dass du zur Liebe fähig bist,
Die will ich in dir wecken".

Jedes ihrer Lächeln, dachte ich,
Sieht unterschiedlich aus,
Und dieses nun ist mütterlich.
Ich dachte auch,
So mütterlich sieht die Zerstörung aus,

Die sie an mir vollzieht,
Und gab ihr recht.
Es machte auch nichts aus,
Ob sie im Recht war oder nicht.

Sie hielt mir beide Briefe hin,
Die nahm ich nicht mehr an.
Sie stand in ihrer Spur und sagte:
„Es macht mir nichts aus,
Obwohl es schlimm für mich ist
Und für meinen Mann.
Mein Mann liebt mich,
Dich liebt er auch,
Wir könnten alle drei..".
„Das könnten wir ganz sicher nicht",
Fiel ich ins Wort
Und dann im Scherz:
„Ganz anders säh es mit zwei Frauen aus
Und einem Mann,
Das könnte mir gefallen".
Und sie sagte: „Gut, dann rede ich mit deiner Frau".
„Du bist verrückt!"
„Ich habe mich entschlossen,
Wenn ich dich nicht ganz bekomme,
Dann will ich dich halb.
Ich werde dich mir mit ihr teilen.
Du wirst sicher nicht mit ihr darüber
Reden wollen.
Weiß sie überhaupt schon etwas von uns beiden?"

Das Gespräch blieb ungestört,
Weil keiner kam,
Und niemand nahm Notiz von uns.

Ich dachte über eine Antwort nach
Und sagte:
„Ja, sie weiß inzwischen, dass es etwas gibt,
Dass es dich gibt
Und weiß auch von der Briefeschreiberei,
Und sie will letzten Endes,
Dass ich mich entscheide".

Das war unwahr, und es war mir so herausgefahren,
Weil ich es vielleicht so wünschte,
Und ich hatte meine Frau
Noch nicht an diesen Punkt gebracht,
Und was ich eben sagte,
Brächte sicher neues Wasser auf die Mühle;
Aber sie, am Tisch, wurd' wieder milde,
Und wir sprachen liebe Worte zueinander,
Und ich fragte sie nach ihrem Mann.
Sie sagte gleich:
„Sprich nicht von ihm
Und nicht von deiner Frau.
Sprich nur von mir und dir".
Ich sagte: „Selbst das einfachste Zusammenkommen
Ist nicht möglich,
Weil ich keinen Abend dafür nehmen könnte.
Lügen müsste ich, das will ich nicht.
Man darf doch eine Liebe nicht
Auf einen Haufen Lügen setzen,
Wie soll die am Leben bleiben können".
„Das ist auch nicht nötig,
Wenn wir gleich zusammenziehen".
Die Gespräche drehten sich erneut im Kreis.
Sie hörte nun von mir zum ungezählten Mal,
Dass ich als Ehemann
Niemals mit einer fremden Ehefrau
Die Betten teilen würde
Und so weiter und und und...

Am Abend klingelte bei uns das Telefon
Und meine Frau ging an den Apparat.
Ich sah sofort, wer in der Leitung war,
Und meine Frau und ich erschraken über sie.

Ich hatte ihr den Mut, hier anzurufen,
Niemals zugetraut und ging hinaus.
Die Tür stand offen,
Und ich hörte meine Frau nur wenig sagen
„So", „Aha", „Das denken Sie",
„Wie lange soll das halten?"

„Bis ans Lebensende, oder nur zehn Jahre",
Hörte ich sie wiederholen,
„So, das sagt mein Mann dazu",
„Sie wissen auch, wovon Sie leben wollen?"
„Ja", dann wieder Schweigen, dann wurd` aufgelegt.

Ich weiß noch alles, was dann kommen musste
Und was kam.
Das Telefongespräch war gegen sechs gewesen,
Und erst gegen elf Uhr
Hatte sie sich soweit ausgetobt,
Dass sie nur noch in Tränen stand.
Ich durfte nicht in ihre Nähe kommen
Und sie nicht berühren,
Und ich hatte wenig Trost für sie,
Nicht, weil ich sie nicht hätte trösten mögen,
Sondern weil ich sah,
Wie fern und fremd mir beide Frauen waren.

Nirgends fand ich mehr ein Liebesnest an ihnen,
Sah, dass sie sich um sich selbst bekümmerten,
Und war das falsche Rad am Wagen,
Jede von den beiden dachte nur an sich.
Ich zwang mich der, die näher stand
Ein Wort zu sagen:
„Lass dich doch ein wenig trösten.
Sag mir selber, was du möchtest,
Soll ich dich verlassen, oder bleiben".

Zwischen Schluchzen, Naseputzen
Und dem Schimpfen auf die Frau und mich,
Kam es besonnen, dass ich sehr erschrak:
„Ich möchte, das du bleibst,
Da weiß ich wenigstens noch was ich habe".

Götter schweigen, wenn sie reden sollen,
Und ich rief nach meinem Gott umsonst
Und las seit vielen Wochen einmal wieder
In dem Buch der Bücher.

Diesmal schlug ich eine Seite auf,
Befahl mir wahllos, die zu lesen,
Und mir sprang ein Satz,
Der keine Lösung brachte, in die Augen.
Dieser Satz, so schien es mir,
War nur für mich geschrieben worden,
Und ich las ihn immer wieder durch,
Verstand ihn irgendwo
Und konnte ihn doch nicht verstehen.
Ich las ihn für mich
Und horchte weit nach innen:
„Sieh, ich habe dir geboten,
Sei getrost und unverzagt, lass dir nicht grauen,
Lass dich nicht entsetzen,
Denn der Herr, dein Gott, ist hier mit dir
In allem, was du tust".
Ich ging die Worte durch
Und suchte einzeln in den Wörtern,
Bis ich auf den Schlüssel stieß,
Den nahm ich an,
Er steckte in dem Wort ,entsetzen',
,Lass dich nicht entsetzen', hieß es,
Und ich las es wieder,
Diesmal aber etwas anders
,Lass dich nicht ent – setzen' und verstand sofort.
Mein Platz war hier,
Und was mir widerfuhr und widerfahren sollte,
Durfte mich nicht grauen,
Und ich war in diesem Augenblick,
Wie es geschrieben stand, getrost und unverzagt
Und dachte auch zugleich:
,Ein andrer Mann hätt nicht so lang gefackelt
Und sich zu der Frau gelegt,
Und ich bin dumm und ein Idiot,
Und nun ist Schluss und es ist aus,
Und wenn sie mich noch will,
Nehm ich mir die Gelegenheit
Und geh zu ihr und mache , was sie will,
Das will ich schließlich auch'.

Ich dachte, was kann diese Frau dafür,
Dass sie mich liebt, dass ich sie liebe.
Ihren Mann hat sie vor mir gefunden,
Und man sollte eine Frau, die einen andren liebt,
Nur als Station betrachten,
Und danach soll er sie wiederhaben.
Ja, es ist viel besser so,
Denn mit dem Ehemann an ihrem Hals,
Werd ich sie schneller wieder los.
So wollte ich die Sache nun beenden,
Und die Frau in meinem Hause mochte kreischen,
Mochte schrei'n, wenn sie etwas erführe,
Und sie würde sich beruhigen.
Was ging mich an, was nachher wär.
Wer weiß wie oft mir meine Frau
Vielleicht die Treue brach.
Gerade die von denen man es überhaupt nicht denkt,
Sind oft die schlimmsten.
Nein, so dachte ich sofort,
Das traue ich ihr wirklich doch nicht zu,
An ihrer Treue hab ich wirklich nie gezweifelt,
Auch, wenn ich's nicht wissen konnte.

Liebe ist das eine, und Begierde ist das andere,
Und was ist, wenn nun beides aufeinander fällt,
Und wenn man gar nicht eines von dem andren
Trennen will, ja, trennen kann?

Warum die ganze Quälerei.

Ich hätt die Frau schon lange haben können,
Und kein andrer hätt so lang· gezaudert.
Außerdem ist es ganz gegen die Natur.
Die will ihr Recht,
Und die, die heute freier denken,
Handeln richtig
Und sind auch nicht schlechter oder besser,
Und ich dachte, alle denken so,
Und selbst der kleine König David,
Hat die Frau von seinem Knecht verführt
Und ihn auch noch getötet oder töten lassen.

Soweit wird es hier nicht kommen können,
Und ich war nun frei und hatte mich befreit,
Und auf der Arbeit würden wir mit Umsicht
Und mit Schläue unsre Liebe pflegen.
Schließlich musste man nicht alles haben,
Und zuhause sollte auch zuhause bleiben.

So besann ich mich und wurde froh
Und wurde König,
Und ich würde mich ihr schneller
Als ein Vogel fliegen kann,
In allem offenbaren.
Anderntags
Rief ich sie in der Frühe an.
Sie merkte meine gute Laune
Und war selbst ein froher Mensch.
Ich hatte festgestellt, dass wir den Mittwoch hatten,
Und zur Mittagspause und gemeinsam
Gingen wir in die Kantine,
Und sie aß nun wieder,
Und ich aß mit ihr,
Und unser Tisch war gar nicht abgesondert,
Und wir sprachen noch nicht über uns,
Und meine Augen glitten über sie
Und nahmen ihren ganzen Körper wahr,
Dem hatte ich zuvor nur
Mit versteckten Blicken nachgejagt.
Ich sah sie jetzt, so schien es mir,
Mit offenem Begehren an
Und freiem Willen,
Und ich dachte nicht an ihren Mann
Und nicht an meine Frau,
Und sie war mir ein Blütenbaum,
Der steckte voller ‚Augennester',
Wie ich zu mir sagte.
Überall blieb ich an ihnen hängen,
Und vor mir gestand ich,
Dass ich sie in meiner Phantasie
Ganz schrecklich schamlos über jede Einzelheit
Befragte, ja, ich spürte körperlich,

Wie ich mich um sie legte,
Ganz war ich um ihren Körper,
Der rang nicht mit mir,
Und in Gedanken fasste ich sie kräftig an.

Ich konnte, ohne es zu wollen,
Manchmal sehr brutal mit meinen Kräften sein,
Das hätte man mir niemals angesehen,
Und ich dachte auch:
‚Du liebst die Frauen und das Eisen'.

Eisen hat mich immer magisch angezogen,
Immer fasziniert,
Und lockte mich, es umzubiegen,
Oder mit Gewalt zu formen,
Und im Eisen sah ich eine Stärke,
Wie ich sie in meinem Körper
Manchmal spürte.
Langsam wollte ich mich ihr nun offenbaren,
Und ich musste wissen.,
Ob sie noch Int'resse an mir hatte,
Ob sie überhaupt noch so weit gehen wollte,
Wie zuvor.
Ich wollte nichts riskieren
Und sie nicht ‚verbiegen'.
Meinen Umschwung deutete ich ihr nun an
Und sagte, dass ich über eine andre Freiheit
Und die Freiheit der Beziehung
Zwischen Mann und Frau gegrübelt hätte,
Und es wäre wohl nicht recht von mir,
Von ihr Unmöglichkeiten zu verlangen,
Und ich selbst sei ja als Ehemann ‚gebraucht',
Und lockerte mit meinem Reden
Unsre Reden auf.

Sie hatte helle Ohren
Und sie hörte Silberglöckchen läuten,
Deren Echo fing sich gleich in ihrem Mund,
Ich achtete auf alles, was sie sagte:
„Wenn du mich nun glaubst zu lieben
Und mich lieben willst,

Muss ich dir eine Wahrheit sagen
Und noch eine andere
Und eine, die du nicht verstehst,
Und eine die ich selber nicht verstand".
Sie sah mich fragend an,
Ich schwieg betreten,
Ich war nicht gefasst auf das was kam.

Sie fuhr dann fort:
„Ich hatte vor zwei Jahren eine Fehlgeburt,
Und einmal hab ich abgetrieben".
So sprach sie beim Essen.
Das Besteck hielt sie ganz still in ihren Händen,
Ruderblätter waren es,
Die unbeweglich über stillem Wasser schwebten,
Die nichts vorwärtstreiben wollten.

Das, so dachte ich, ist meine Strafe.
Herr, mein Gott, rief ich nach innen,
Herr, verzeih mir meinen Übermut,
Und dass ich mich von
Meinem Platz ‚ent-setzen' wollte.

Sie erzählte weiter
„Ja, das Kind kam, glaube ich,
Von meinem Mann,
Das, was ich abtrieb, kam von einem Arzt.
Das ist noch gar nicht lange her.
Es war in diesem Frühjahr erst".

Vor meinen Augen tanzte ihr Gesicht,
Ich hatte Angst, besinnungslos zu werden,
Und ein Kartenhaus begann
In einer Langsamkeit,
Die niemand nachempfinden konnte,
Einzustürzen.

„Weißt du", sagte sie,
„Ich nehm die Pille nicht",
Und lachte plötzlich auf
Und strahlte mich mit blanken Augen an

„Was würd'st du tun,
Wenn ich von dir ein Kind bekäm?"

„Wie willst du das denn machen,
Noch sind wir noch nicht einmal..".
Ich war entrüstet,
Und sie hatte mich nur halb gehört.

„Du hältst mich jetzt für eine Nutte.
Das versteh ich gut,
Und trotzdem sag ich dir,
Dass ich es dir nur darum beichte,
Weil ich dich für mich alleine haben möchte,
Lieben will ich dich,
Und liebe dich bereits
Wie nie zuvor nur irgendjemanden.
Ich sag es auch,
Damit du mir vertraust.
Vertraust du mir?"

Ich sagte nur:
„Wer kommt nach mir,
Kennst du den schon?
Was ist mit mir, wenn ich nicht mehr der letzte bin?"
Das war gemein,
Und sie erwiderte mir darauf nichts.

Dann hob sie ihren Kopf.
Das ist, so dachte ich, ein schöner Kopf,
Und durch die Haare fiel ein Rückenlicht,
Das rahmte alles ein,
Das ließ die Haare als verirrte Ranken
Ums Geländer wachsen,
Sie begrenzten eine Treppe,
Die nur meine Augen sahen,
Und ich stürmte sie hinauf.

Sie fing noch einmal an
Und legte ihre Hand auf meine,
Und ihr Blick war unter mir
Und stieg nach oben:

„So wie ich dich liebe,
Liebt dich keine zweite Frau,
Das ist nicht möglich.
Deine Frau,
Ich glaube dir, dass sie dir treu ist,
Deine Frau und du,
Ihr beide habt von Liebe keine Ahnung,
Aber dich will ich die Liebe lehren,
Die ist unermesslich".
Und ich sagte:
„...hat für viele Platz".

Mein Kartenhaus war eingestürzt,
Der Sandsturm schwieg in mir,
Und wenig Asche war geblieben.

„Für ein Jahr", so sagte sie,
„War ich mit einer Frau zusammen,
Hab mit ihr gelebt,
Und Frauen lieben intensiver und intimer.
Allerdings sind sie viel eifersüchtiger.
Das mochte ich zum Schluss nicht mehr".

Ich wurde int'ressiert
„Und deinen Mann hast du danach gefunden?"

„Nein, wir kennen uns schon aus der Jugend,
Lange kennen wir uns schon.
Ich lieb ihn anders, als nun dich.
Es wäre schön,
Wenn ihr euch gut vertragen würdet".

Einen Augenblick versuchte ich mir auszudenken,
Wie das wäre,
Dann stieß ich mit einem falschen Schritt
In das Geröll und stürzte ab.
Ich konnte ohnehin nichts mehr begreifen,
Und, dass ich nun einer Frau wie ihr begegnet,
Aufgesessen war, fast aufgesessen war,
Geschah mir recht.
Sie wertete dann dies Gespräch

Und war erleichtert,
Sei es doch das erste Mal,
Dass ich von meinen Vorurteilen abgekommen wäre,
Und sie sähe mich nun deutlicher
Und auch, wie schwer es für mich sei,
Das aufzugeben,
Was man mir in viereinhalb Jahrzehnten,
Als das einzig richtige und seligmachende,
Als Speise eingetrichtert hätte,
Und sie habe noch die Briefe,
Ihren und auch den von ihrem Mann,
Ob ich die nehmen und nun lesen wollte.

Was ihr Mann mir schrieb, das könnte sie nicht wissen,
Und was sie mir sagen wollte,
Hätte sie mir aufgeschrieben,
Und ich sagte
„Briefe deines Mannes mag ich nicht.
Ich weiß nicht, was das soll und was der will,
Und dass er mich nicht mag,
Mich warnen will, versteh ich auch
Und du kannst mir doch sagen was du willst.
Und außerdem hab ich genug, ich möchte gehen".
Und wir gingen, und sie schwieg
Und hatte ihre Briefe wieder eingesteckt.
Die mochte ich nicht nehmen.

Ich kämpfte wieder tagelang mit mir
Und gegen meine Liebe, gegen ihre Liebe,
Und es war nun so,
Wenn ich sie sah,
Vergaß ich alles, was ich von ihr wusste,
Und ich stahl ihr mit den Augen,
Was ein Männerauge einer Frau nur stehlen konnte,
Sprach sie dann mit mir,
Stand ich im Schrecken, der wich erst,
Wenn sie sich liebevoll,
Wie wirklich keine andre Frau jemals zuvor,
Mir in die Hände gab,
Es brach dann eine sehnsuchtsvolle Liebe andrer Art

Aus mir,
Die wollte geben, wollte angenommen werden,
Und ich brauchte keine Überwindung.
War sie aber aus den Augen,
Sprach ich nicht am Telefon mit ihr,
Dann schwor ich tausend Schwüre, sie zu lassen.

Drei, vier Tage ging nun alles gut,
Und langsam schlich sich der Verdacht auf mich,
Sie habe aufgegeben,
Und von mir aus würde nichts erfolgen können,
Selbst bei größtem Willen
War ich wie gelähmt.

Sie würde mich vergessen wollen.
Eines Abends klingelte es an der Tür:
„Ich bin ihr Mann,
Wir kennen uns doch von der letzten Dichterlesung",
Und er hatte recht.

Er war an meinen Texten int'ressiert gewesen,
Und jetzt wusste ich erst, wer er war.

Es kam auch meine Frau hinzu,
Die guckte uns verlegen an
Und fragte ihn,
Ob wir mit irgendetwas dienen könnten.

„Nein, ich bin in Eile
Und mein Taxi wartet.
Alles, was ich möchte, ist,
Dass sie den Brief von ihr annehmen.
Den von mir behalte ich zurück,
Doch der von ihr ist wichtig,
Und ich bitte nicht für mich um den Gefallen".

Ich verstand ihn nicht,
Und meine Frau nahm ihm den Brief aus seiner Hand
Und gab ihn mir.
Ich steckte ihn sofort, als wär er glühend,
In die Botenhand zurück.

Er drängte mich:
„Ich bitte Sie, so nehmen sie ihn doch".
„Weiß sie davon,
Dass sie mit ihrem Brief hier bei uns sind?"

Er sah nun fort, und sein Gesicht war abgewandt
Und ging nicht aus der Tür.

Ich bat ihn einzutreten,
Und er lächelte ein wenig überlegen,
Lehnte ab und dann zu mir:
„Sie weiß es nicht. Sie tut mir leid.
Ich möchte sehr, dass Sie den Brief erhalten".
Und ich sagte: „Nein, ich nehm ihn nicht,
Und sehe auch nicht ein, dass sie mir schreibt,
Wenn sie doch mit mir reden kann".

Hier brach ich ab und hätte gern gesagt:
„Sie kann ja selber kommen",
Doch ich dachte schnell an meine Frau,
Das hätte sie mir nie verzieh'n.

Nun stand er da,
Und konnte die Mission so nicht zu Ende bringen,
Und er trat nicht ein und ging nicht fort,
Und sonst fiel ihm nichts ein.
Er sagte noch
„Ich leg den Brief auf diesen Sockel,
Falls sie es sich anders überlegen",
Und ich sagte schnell und schroff:
„Das ist umsonst,
Es gibt nichts mehr zu überlegen.
Diesen Brief nehm ich nicht an".

Nun hatte er doch die Idee:
„Ich lese Ihnen vor, was sie hier schreibt".
Das hörte meine Frau und ging beiseite,
Und ich lehnte ab und ging ihr nach
Und bat sie doch zu bleiben.

Er stand in der Tür und harrte aus
Und war in allem, wenn ich so bedenke,
Wie betäubt, als wäre er aus Watte,
Gar nicht in der Wirklichkeit.
Er stand noch mehrere Minuten
Mit dem Schreiben in der Hand
Und sah an uns vorbei und keiner sprach.

Dann drehte er sich langsam um
Und ging den Weg zurück, den er gekommen war,
Und stieg in seine Taxe, die noch wartete.
Wir schauten hinterher
Und wussten dazu nichts zu sagen.
Meine Frau:
„Du hättest doch das Schreiben an dich nehmen sollen".
Ich verstand die Frau nicht mehr
Und sagte nur noch: „Nein,
Weil ich es mir geschworen habe.
Briefe nehme ich nicht an".

Das reichte ihr, sie sagte auch:
„Fängt nun das ganze noch einmal von vorne an?"

Ich sagte:
„Nein, die Sache ist doch längst vergessen,
Und vielleicht wollt er nur testen,
Ob ich irgendetwas mit ihr habe".
„So sah der nicht aus".

Sie sprach sehr wahr,
Und sicher war die Sache nicht zu Ende,
Und ich nährte heimlich doch noch eine Hoffnung,
Weil ich sie nun lieben wollte,
Und es war mir alles, alles irgendwo
Total egal.

Die Arbeitstage waren schon seit langem
Eine Quälerei für mich geworden,
Und ich sah sie
Und ich durfte sie nicht sehen
Und verstand sie
Und verstand doch nichts von ihr,
Und zog mich abends auch
Von der Familie ganz zurück
In meine Schreiberei,
Und meine Frau
Und meinen Gott
Und alles, was ich früher liebte,
Stellte ich nun hinten an.

In unsrer Firma
Zeichneten sich neuerdings Veränderungen ab,
Die mich am Rande mit berührten.
Irgendwie erfuhr ich
Von dem Wechsel in der Chefetage,
Wo sie Sekretärin war.

Die neuen Herren würden ihre eignen Damen wünschen
Und es kam nun so, dass man ihr riet,
Die Firma zu verlassen,
Auf der andren Seite wäre noch viel Zeit,
Denn die Entscheidung stünd noch aus,
Und alles sollte sich erst spät im Herbst vollziehen,
Oder nächstes Frühjahr.

Immerhin bewirkte es,
Dass sie, beleidigt wegen dieser Sache,
Schon von sich aus kündigte.

Das ging so schnell und ganz an mir vorbei,
Ich hätte vieles ändern können,
Und ich sprach mit ihr
Und mit der Personalabteilung,
Und sie sah nun ihren Übereifer ein
Und zog die Kündigung, zurück.

Die ließ man aber schweben,
Und sie hörte, dass man ihr den Arbeitsplatz
Auf unsrem Stockwerk, wegen ihrer Qualität,
Nicht vorenthalten wollte.
Die Entscheidung, wollte man ihr später
Schriftlich geben.

Diese Sache hätte alles enden lassen können,
Dachte ich,
Und war erschrocken,
Dass sie ihren Arbeitsplatz und meine Nähe
In Sekunden opfern konnte,
Und ich dachte auch, dann hat sie sich
Nun damit abgefunden.
In mir riss ein Vorhang ein,
Und zeigte mir ganz deutlich,
Was ich zu verlieren hatte,
Und es war nicht auszudenken.
So beginnt ein Irrsinn,
Der zielt auf die Selbstzerstörung.

Dann besann ich mich und wollte,
Wenn es enden sollte, dass es
Uns in Freundschaft auseinander brächte,
Und ich sprach mit ihr
Und sagte es zu ihr.

Sie war in dem Gespräch ganz ruhig,
Und sie hatte sich daran gewöhnt,
Dass sie von mir nichts zu erwarten hätte,
Und sie sagte so und lachte:
„Wenn ich hier nichts werden kann
Und dich nicht lieben darf,
Dann werd ich eben Terroristin",
Lachte herzlich über sich, dass ich erschrak,
Und dachte, gut, dass sie es leicht nimmt:
„Bei den Terroristen kannst du ohne Waffe
Gar nichts werden".

„Das ist kein Problem,
Die habe ich schon lange.

Ganz genau genommen, weiß ich,
Wo mein Vater eine hat,
Und kann sie auch bedienen, richtig damit schießen.
Einmal durfte ich es ausprobieren.
Alles hat er mir gezeigt".

Ich wurde blass, das spürte ich,
Und sagte:
„Den Gedanken, mich zu töten,
Hast du lange schon, nicht wahr?"
Sie sagte: „Wenn nicht dich,
Dann einen anderen.
Dich möchte ich noch lieben",
Und sie kam ganz nah an mein Gesicht:
„Das weißt du doch".

Dass sie an eine Waffe kam,
Ließ mich nicht los,
Und ein Gedanke, den sie ausgesprochen hatte,
Blieb doch noch nicht ausgesprochen,
Und die Sache könnte enden,
Und ich fürchtete mich nicht,
Wenn ich ihr unterliegen müsste.

Einen Tod durch sie erhalten, dachte ich,
Wär eine Krönung, alles,
Glück, Befriedigung, Befreiung,
Leiden und Verschmelzung mit ich weiß nicht was.

Es goss sich über mich ein warmes Singen
Es entstand ein Hochgefühl,
Das machte sie mir wertvoll
Und mich frei.

Ich musste sie mir unbedingt erhalten,
Und ich sagte von dem ganzen nichts zu ihr.
Die Tür, so sagte ich zu mir,
Drück ich, so leis es geht,
Ins Schloss zurück.

Ich tat, als würde ich die Sache nicht verfolgen,
Und zu ihr gewandt; rief ich:
„Viel Glück, Madame,
Ich biete mich als Opfer an".
Und sie:
„Vielleicht komm ich darauf zurück".

Sie wurde plötzlich ernst und bat mich einfach:
„Schlaf mit mir, weil ich es will.
Ich will ein Kind von dir, um Himmelswillen".
Dann ganz langsam
„Mach mir doch ein Kind.
Ich will ein Kind von dir.
Du sollst dann deine Ruhe haben,
Kannst uns jederzeit besuchen kommen,
Wann du willst".

„Wer ist das, uns, dein Mann und du vielleicht?"
Ich stand in heller Wut.
Sie strich mir übers Fell:
„Du bist ja dumm. Du kommst zu mir
Und deinem Kind, so oft du willst.
Ich gebe alles auf,
Und wir sind nur noch für dich da".

„Und wovon wollt ihr leben?"

„Ach, das weiß ich nicht,
Vielleicht hast du Erfolg mit deinen Büchern".

Das war meine schwächste Stelle,
Weil es meinen Ehrgeiz traf
Und meine Hoffnung, die mir alles retten sollte.
Nur allein, dass sie mich darauf ansprach,
Machte sie mir wieder lieb und wert.
Ich sagte so
„Vor Mitte nächsten Jahres tut sich nichts,
Das hab ich dir erklärt,
Das hab ich dir gesagt".

Sie sagte, und ich wagte meinen Ohren nicht zu trauen
„Gut, ich habe Zeit, ich werde warten,
Und ich komme ganz bestimmt darauf zurück".

Ich machte den Versuch:
„Du hast doch deinen Mann;
Knöpf deine Bluse auf
Und zeige ihm die Frau darunter.
Blind und steinern müsst er sein,
Wenn er dich übersehen würde.
Den mach dir zum Vater deines Kindes,
Geh zu ihm, sei brav und ‚untertan‘,
Du wirst schon alles richtig machen".

Von der Seite sah sie mich nun an,
Mit einem Blick, den werd ich nie vergessen können.
So sieht eine Frau in ihren Morgenspiegel,
Wenn er sie belügt,
Wenn sie sich ausgekämmt, frisiert,
Mit bloßem Oberleib noch einmal überprüft
Und die Ästhetik ihrer Formen, ihrer Haut genießt
Und doch bedauert,
Dass sie dieses Glücksgefühl für sich behalten muss,
Dass es so wertlos wird,
Wenn sie es keinem zeigen kann und darf,
Und keiner so nach ihr verlangt.

Es kam nun so,
Dass ich aus einer Neugier
Und, weil ich wohl danach suchte,
Mich an ihre Freundin wandte, mich der anvertraute.
Das, so geb ich zu,
Tat ich auch wegen dieser Waffe,
Und es hätte mir nicht gut gefallen,
Wenn kein Mensch darüber etwas wüsste.

Meiner Frau konnt' ich das Ganze nicht erzählen,
Und ich hatte keinen Freund.
Nein, fiel mir dabei ein,
An Freunde hatte ich mich nie gewandt,

Ich hatte keine Freunde.

Sie sprang dafür ein.
Ich fand in ihr unendlich viel Verständnis.
Sie war sehr gerecht, weil sie sie mochte,
Und sie hörte mich mit großem Staunen an
Und hatte bisher nichts geahnt
Und nichts bemerkt und nichts gewusst,
Und wir beschlossen,
Uns ihr jetzt noch nicht zu offenbaren,
Und ich dankte ihr
Und war erleichtert,
Und das ganze stand nicht schlecht um mich
Und nicht um sie,
Und was mir fehlte, sah ich nun mit einem Schlag,
War Abstand von den Dingen, von der Sache,
Abstand von der Not,
Die die Gefühle ganz und gar beherrschte,
Und sie riet mir gut
Und riet mir abzuwarten, nichts zu übereilen,
Und sie fragte noch:
„Sie haben mich ganz sicherlich
In einem Punkt nicht richtig eingeweiht,
Und wenn ich Ihnen glauben soll,
Ist der doch sehr, sehr wichtig,
Nämlich, haben Sie nun. mit der Frau geschlafen
Oder nicht.
Ich frage ganz direkt,
Damit ich es erfahre,
Und sie sagten doch, es wäre nichts passiert,
Das aber kann ich gar nicht glauben".

„So gesehen, weil es selbstverständlich scheint,
Hab ich Sie nicht belogen,
Auch wenn ich nun als der Trottel und Idiot
Vor Ihnen steh.
Ich habe sie geküsst
Und liebe sie
Und hab sie doch nicht angerührt,
Das ist ja das Dilemma",
Und sie glaubte mir nicht recht.

Es war dann Feierabend und ich ließ das Haus
Und wollte, weil es später war als sonst,
Nach Hause eilen.

Das Bürogebäude lag kaum hinter mir,
Als ich aus einem Eingang jemanden,
Den ich doch kannte, kommen sah.
Er kam direkt zu mir,
Und ich erkannte ihren Mann.
Der musste dort gewartet haben.

Zwischen mir und ihr, so dachte ich,
Ist nichts gewesen,
Und, dass ich zu weit gegangen bin, ist schlimm;
Ich werde mich entschuldigen,
Ihn einfach um Verzeihung bitten,
Und ein Schläger scheint er nicht zu sein.
So kam er auf mich zu.
Er überragte mich, trug einen Hut
Und hatte eine Tasche in der Hand.

Er grüßte nicht,
Obwohl ich „Guten Abend" sagte,
Und nahm seinen Hut nicht ab.
Er sah auf mich
Und brauchte lange, bis er mir,
So knapp es irgend ging, entgegenwarf:
„Ich möcht Sie sprechen,
Wenn es geht, im Bahnhofsrestaurant.
Mehr sag ich nicht", und dann noch:
„Gehen wir".

Ich fand ihn albern und auch flegelhaft
Und musste etwas lachen.
Meine Angst vor ihm war dumm gewesen,
Und ich dachte doch,
Wer weiß was so ein Kopf ausbrütet,
Und ich sagte:
„Wenn es sein muss, meinetwegen.
Worum geht es denn,

Wir können ja mit dem Gespräch beginnen.
Bis wir da sind, ist noch lange Zeit".

Er schwieg und sah mich auch nicht an.

Ich wurde ärgerlich:
„Mein Gott, es geht um Ihre Frau.
Nun hören Sie mal zu,
Ich bin auch nur ein Mann,
Und ihre Frau ist schön, ich finde sie sehr schön,
Und Sie doch sicher auch,
Sie sind sogar ihr Mann".

Er schwieg und machte seinen Mund nicht auf.

"Sie wollen wissen, was gewesen ist.
Ich sag es Ihnen.
Zwischen ihr und mir war nichts,
Und ich verspreche Ihnen:
Zwischen ihr und mir wird niemals etwas sein".
Ich sprach dabei zu mir:
‚In diesem Fall darf ich ein wenig lügen,
Das wird ihn beruhigen,
Denn für die Zukunft möchte ich die Hände
Nicht für mich ins Feuer legen',
Und ich sah ihn an,
Ob er's bemerken würde,
Doch er schwieg und sah auf seinen Weg.
Ich sagte nun:
"Ich finde Ihr Benehmen kindisch.
Um sich auszuschweigen,
Lädt man niemanden zum Reden ein.
Nun sagen Sie schon, was Sie wollen,
Denn ich habe nicht viel Zeit".

Es war, als spräche ich mit Blättern
Oder einer Tür, die in den Angeln pendelt.

Er ging stur zum Bahnhof,
Immer dicht an meiner Seite.

"Gut, wenn Sie nicht reden wollen,
Komme ich nicht weiter mit,
Dann fahre ich nach Haus.
Viel Spaß,
Auf Wiedersehen!" Drehte mich
Und bog in meine Richtung ab.

Nun sagte er sehr scharf:
„Ich werde Ihnen ja nichts tun.
Da oben ist die Gastwirtschaft".

Ich wollte wissen, wie das enden würde
Und gab nach: „Von mir aus".

Mir fiel ein, dass er auch lügen könnte,
Und ich wollte eine Nachricht hinterlassen,
Sagte ihm:
„Ich ruf noch schnell Zuhause an,
Das wird doch alles länger dauern".
Und ich ging zum Telefon.

Er stand davor und sah nicht hin
Und hätte auch nichts hören können.

Ich bekam den Anschluss nicht,
Das, dachte ich, ist gut vielleicht,
Und hing den Hörer wieder ein.
Das Geld fiel aus dem Automaten,
Und ich dachte, das hat er gehört
Und weiß, dass niemand etwas weiß.
Ich glaubte ihm noch immer nicht.

Wir gingen ins Café.
Er hing den Mantel auf,
Ich legte meinen neben mich,
Und er bestellte nur für sich
Ein alkoholisches Getränk,
Und ich verlangte nur Kaffee.
Der Ober möchte sich beeilen, sagte ich,
Und zahlte gleich
Und war voll Unmut, weil mein Gegenüber

Sich so rüpelhaft benahm.
,Er ist ein Kindskopf', dachte ich.
,Er lädt mich ein
Und will noch nicht einmal bezahlen,
Und die Schweigerei ist mir zu dumm,
Er kommt so nicht zur Sache'.

Und ich sagte nun:
„Beeilen Sie sich bitte,
Weil ich mir für diese Kinderei
Nur wenig Zeit von Ihnen stehlen lasse".

Das erfreute ihn, als hätte er mich nun so weit
Und griff in eine Seitentasche
Und zog einen Brief heraus,
Der war in keinem Umschlag,
Legte ihn vor mir auf unsren Tisch
Und sagte: „Kennen Sie den Brief?"

Ich sah darauf.
Die Schrift war ähnlich der von seiner Frau.
Ich konnte mich auch täuschen, und ich sagte:
„Eine Frauenhandschrift ist das wohl.
Soll das die Überraschung sein?"

„Das erste, was Sie heute lernen sollen,
Ist zu wissen, wie es ist,
Wenn man nicht angenommen wird,
Und darum habe ich geschwiegen.
Ich hab lange nachgedacht,
Ich wollte Ihnen die Lektion erteilen.
Das ist mir geglückt.
So ist es, wenn man ohne Antwort spricht,
So ist es, wenn man Briefe
Ungeöffnet, ungelesen übergeht
Und sie zurückgibt,
Dass der Sender dieser Schreiben
Sich zum eigenen Empfänger wird.
Das ist gemein und rücksichtslos,
Das mussten Sie am eignen Leibe kennen lernen,
Spüren sollten Sie's".

„Sie hätten Lehrer werden sollen.
Sind Sie fertig, kann ich gehn, Herr Lehrer?"

„Dieses ist der Brief,
Der Brief von meiner Frau,
Den können Sie jetzt lesen".

„Danke, keine Lust und gar kein Interesse".
„Dann les ich ihn vor,
Sie können heut noch etwas lernen".

„Über wen und was?"

„Ich denke über sich!"
Ich dachte, eigentlich hab ich den frechen Mund,
Sei froh, wenn er sich so beherrscht,
Und schließlich ist er schlechter dran
Mit einer Frau, die sich
Nach einem andren Mann umwendet,
Und ich dachte:
,Sei nun friedlich, hör ihm zu
Und stimm ihm zu,
Dass er vor sich ein König wird,
Das ist viel klüger
Und kann meiner Sache doch nur nützlich sein'.

Ich dachte auch an mein Gesicht,
Das zog ich glatt und sagte freundlich:
„Kennen Sie den Inhalt?"
Er erleichtert:
„Nein, nur oberflächlich,
Weil mir meine Frau davon erzählte".

„Gut, dann möchte ich ihn hören".
Er nahm sich den Brief, sah noch einmal zu mir
Und las dann vor.
Der Brief begann mit wüster Schimpferei auf mich,
Man schalt mich den Sadisten,
Der in einer wilden Lust an Quälerei der anderen
Sich selbst befriedigte.

In Einzelheiten wurde dies nun ausgemalt.

Ich rief dazwischen:
„Lesen Sie doch leise, guter Mann,
Das schrieb doch niemals ihre Frau,
Das kann doch gar nicht sein!"

Er lächelte mich überlegen an
Und fuhr nun fort:
Ich würde sicher nichts von alledem zugeben wollen,
Und es wäre ihr auch nichts daran gelegen,
Aber einmal wollte sie mich,
So wie ich sie dauernd peinigte,
Mit gleicher Münze quälen,
Und er las:
„Ich zwinge dich, uns zuzuhören
Und uns zuzuschauen,
Und ich liege nackt vor dir
Mit einer andren Frau in Bett,
Und wir verwöhnen uns
Und freuen uns an dir,
Denn ich hab vorgesorgt,
Du kannst uns nicht verlassen
Und musst immerzu zu uns herüber schau'n.
Ich knie vor dieser andren Frau und rufe,
Dass du's hörst, den einen Namen immer wieder,
Rufe deinen Namen immer wieder".

Er sah auf und sah auf mich.
Ich hatte einen Schock.
Das Blut, so spürte ich,
Lief mir im Leib zusammen,
Und ich hatte dieses Bild,
So kümmerlich, wie es beschrieben war,
Vor Augen.

Diese Frau mit einer andren Frau im Arm zu sehen,
War ein schrecklicher Gedanke,
Und ich sagte einfach, mehr zu mir,
Als wäre ich dabei gewesen:
„Damals kannte sie mich doch noch nicht".

Dann sah ich hoch
Und merkte, wie er mich mit langen Augen
Unter schweren Wimpern musterte,
Als täte ich ihm leid,
Als hätt er Sympathie für mich,
Ja, schlimmer noch,
Als wär ich eine Frau,
Der er die Liebe eingestehen wollte,
Und er streckte seine Hand ganz langsam nach mir aus.

Ich riss den Mantel hoch, stand auf
Und sah auf ihn herab:
„Wahrscheinlich haben Sie den Mist
Allein geschrieben".
Und er reichte mir den Brief
Und zeigte auf die Anschrift und die Unterschrift.
Ich sagte:
„Wenn schon,
Das soll sie mir selbst bestätigen",
Und ging und grüßte nicht.

Ich kam zur Treppe, und ich dachte,
Dass er sich ja nicht bei mir beklagte,
Sich nicht über mich beschwerte,
Mir nicht einmal einen Vorwurf daraus machte,
Dass es zwischen seiner Frau und mir
So weit gekommen war,
Das konnte doch nicht alles sein.
In mir stand eine Neugier auf,
Die klang sehr gläsern,
Und ich ging zurück
Und setzte mich noch einmal an den Tisch.

Er trank aus seinem Glas,
Und meine Rückkehr wunderte ihn nicht:
„Von meiner Frau hab ich gehört,
Dass Sie sehr langsam sind".
Ich dachte, das ist doch ein Teufelspaar.
Die beiden sind mir sehr gefährlich,
Und sie wollen sich mich etwa teilen,

Das wär wissenswert gewesen,
Und ich sprach ihn ruhig an:
„Die Schuld, das wollte ich noch sagen,
Liegt auf meiner Seite,
Und ich hätte fast vergessen,
Sie von Mann zu Mann, wenn Sie erlauben,
Um Entschuldigung zu bitten.

Ihre Frau ist selten schön
Und ist für mich trotzdem
Ein Engel der im Feuer steht.
Den kann ich, werde ich
Und will ich nicht erreichen,
Und ich fänd es gut
Wenn Sie das als Beruhigung mit sich
Nach Hause nehmen könnten".

„Ja, ich weiß. Sie machen meiner Frau
Das Leben schwer.
Sie ist ein lieber Mensch
Und hat für mich sehr viel getan.
Wir mögen uns sehr gerne.
Ja, ich liebe sie".

Ich dachte mir,
Nun bin ich auf der Spur und sagte ihm:
„Ich will es jetzt versprechen,
Und ich richte mich danach:
Ich fasse Ihre Frau nie wieder an.
Was heißt nie wieder. Angefasst hab ich sie nie.
Sie wissen aber, was ich meine".

Und er sagte: „Ja, das ist es eben".

Ich verstand ihn nicht
Und sah ihn fragend an.

„Sie sollten wissen", sagte er,
"Sie müssen wissen, dass wir uns die Freiheit lassen.
Meine Frau lässt mich und ich lass sie.
Wir mögen uns trotzdem sehr gerne.

Meine Frau hat mir auch Ihr Problem erzählt.
Sie tun mir leid,
Und meine Frau bedauer ich,
Weil sie bei Ihnen nichts erreicht".

„Sie hätten also nichts dagegen,
Wenn sich Ihre Frau und ich zusammenfänden?"

„Nein, nein gar nicht,
Und ihr Zustand, jetzt, ist so,
Dass sie nach Ihnen schreit,
Verstehen Sie, es ist ein innerlicher Schrei,
Der hört in ihr nicht auf.
Wenn sie sich diese Liebe wünscht,
Kann man sie ihr doch einfach geben, denke ich".
Ich sagte:
„Ja, Sie haben recht.
Es ist ganz einfach, und man gibt die Liebe".
Und ich dachte, was ist daran schlecht,
Und warum finde ich nicht diese Leichtigkeit,
Mit Liebe, Treue, Glauben. umzugehen.
Eigentlich bin ich es,
Der sich selbst im Wege steht,
Und der sich dauernd hindert.
Nein, ich konnte diesen beiden
Nicht mehr länger böse sein.

Der Dümmste von uns drein war ich.
Vielleicht war sie ein wenig schlechter dran
Vielleicht auch er,
Doch in der Dummheit war ich beiden
Haushoch überlegen.
Und ich wollte ihnen keinen Vorwurf machen.

Jetzt, so dachte ich,
Erlaube ich es mir, sie freizusprechen,
Und zuvor, als ich hierher kam,
Bangte ich um mich
Und kämpfte gegen schlechtestes Gewissen,
Das man haben konnte.

Ihre Schreiberei und ihre Schimpferei
Verstand ich nun ein wenig,
Und der Brief war doch von ihr geschrieben worden,
Und die Hoffnung, dass sie leugnen würde,
Brächte gar nichts ein.
„Er ist ein netter Kerl",
So dachte ich, und dachte auch,
„Es ist ein Glück, dass er und ich
Nur über diese Frau Berührungspunkte haben
Und sonst nicht".

Ich stand noch einmal auf und sagte:
„Trotzdem glaube ich,
Dass es mit Ihrer Frau und mir
Nicht klappen wird.
Ich habe es ja auch versprochen".
„Wenn Sie wollen, gebe ich das Wort zurück.
Es ist nicht meine Sache,
Und was Sie den anderen versprechen oder sich,
Ist auch nicht meine Sache".
Und ich sagte noch:
„Weiß Ihre Frau von diesem Treffen eigentlich?"

Ich sah, wie er erschrak,
Obwohl ich harmlos fragte
Und mir gar nichts dabei dachte,
Und er sagte und ergriff mich fest am Arm:
„Ich bitte und beschwöre Sie,
Sie darf davon kein Sterbenswort erfahren.
Sie behalten es für sich.
Versprechen Sie es mir.
Sie weiß es nicht und wird mir diesen Schritt
Im Leben nicht verzeihn.
Sie hat es ausdrücklich verboten.
‚Das geht dich nichts an', hat sie gesagt,
Und alles habe ich aus mir heraus getan".

Ich dachte dieser Mann ist ärmer dran
Als seine Frau und ich
Und dachte auch, dass ich der Teuflischste
Von allen dreien war,

Denn diese Schwäche; die er zeigte,
Gab mir Stärke,
Und ich rechnete mit ihm nicht mehr.

Von ihm war mir Gefahr, wie ich sie kannte,
Nicht mehr zu erwarten.

Ohne Abschied, ohne Antwort
Ging ich nun zu meinem Zug
Und fuhr nach Hause.
Unterwegs bedachte ich den Scherbenhaufen,
Der vor meinen Füßen lag,
Der wurde immer größer.
Mein Zuhause war dabei und die Familie,
Und ich dachte,
Ärmer ist der Mensch als alle andren dran,
Der nicht in Ruhe
Und in einer eignen Kammer weinen kann.
Die Tränen hielten auf den Wimpern Wache.

Wenn ich nun nach Hause käme,
Bliebe mir zum Weinen nur die Toilette.

Meinen Gott verstand ich immer wieder falsch,
Und aussichtslos war das Bemühen,
Etwas zu erkennen.
Schwach war ich im Glauben.

Meine große Arbeit, meine Dichtung,
Hatte ihren Sinn verloren
Und war eine Fleißarbeit geworden,
Die mocht' ich nicht mehr betreiben,
Und sie stockte mehr und mehr.

An ihrem Mann, der auch in diesem Scherbenhaufen lag,
Hatt' ich den Wert von Treue,
Liebe und Abhängigkeit, genau wie ich sie kannte,
Nur mit umgekehrtem Zeichen vorgefunden,
Und ich sah nun ein,
Wie tönern das Gebäude war,
In dem ich wohnte.

Doch das schlimmste war von allem,
Dass ich trotz der Einsicht,
Trotz der Besserwisserei
Von dieser Frau nicht lassen konnte
Und nicht lassen wollte
Und mich unablässig nach ihr sehnte.

So steckt man auf Neuland,
Das man nie bewohnen wird, sein Fähnchen,
Dachte ich.
Betrübt war ich
Und lag in großen Schmerzen.
Mich erkannte ich in meinem
Teufelskreis nicht wieder.

Anderntags nahm ich mir frei
Und. suchte einen Arzt für meine Wunden,
Der war nicht zu finden.

Ich ging zur „Museumsinsel",
Dorthin floh ich oft
Und schaute auf ein Bild,
Das kannte mich, das gab mir Trost.
Es ist die Nana von Manet
Und zeigte die Kokotte vor dem Spiegel,
Vor verlosch'nen Kerzen, vor sich selbst
Und vor dem Einen auf dem Bild
Und vor den anderen wie ich.
Sie ist für mich das „Selbstportrait"
Der Frau an sich.
So denke ich, kann nur ein Maler malen,
Wenn er das Objekt durchdringen will
Und stellt doch alles,
Was zu suchen und zu finden ist, in Frage.

Sie ist mir Gespräch, wenn ich sie sehe,
Und sie spricht mit mir.
Ihr Bildnis regt mich maßlos auf.
Ich gebe dabei eine Ähnlichkeit mit ihr

Und ihr in ihrer Haltung zu,
Vielleicht in ihrem Blick, in ihren Augen.
Die Frisur ist völlig anders,
Und dann ist sie plötzlich sie,
Und sie ist doch nicht sie,
Sie ist die, die ich suche und nicht finde.

Die Museumsinsel ist sehr trist und ungepflegt.
Man legt nicht großen Wert auf sie.
Ich dachte auch, was gehen mich die Menschen an,
Vielleicht bin ich im Traum
Und träume nur.
Ich wünsche immer wieder,
Fremd in einer fremden Welt zu leben.
Das hat seinen Grund
Könnt ich die Welt als Fremder sehen,
So, als käme ich aus einer andren Welt,
Würd mir die Welt doch völlig fremd
Und neu erscheinen müssen.
Alles hab` ich deshalb aufgeboten,
Mich ihr zu entfremden,
Und ich sagte mir, dass ich ihr dadurch eines Tages
Als ein Fremder gegenüber stehen müsste,
Und das wollte ich erleben.
Also konnte es schon sein,
Dass diese Augenblicke, die mir traumhaft schienen,
Augenblicke der Entdeckung der Entfremdung waren.

So verging ein langer Tag.

Am nächsten Morgen fand ich mit der Hauspost,
Die man in der Firma austrug,
Einen off'nen Brief an mich gerichtet
Auf dem Schreibtisch liegen.
Aus ihm zog ich Noten eines stillen,
Sanften, beinah frommen Liebesliedes.

Die Akkorde waren die Begleitung
Für ein Saiteninstrument.

Sie wusste, dass ich darauf spielte,
Und sie selbst spielt die Konzertgitarre.
Die Akkorde wechselten in schöner Folge
Zwischen Dur und Moll.

Es war das erste Pflaster,
Das mir jemand reichte,
War ein Kuss auf meine heiße Stirn.
Ich hätte sie dafür umarmen können.
Nur den Text des Liedes,
Weil er wieder eine Wurzel in mir fressen sollte,
Fand ich nicht so gut.
Doch, dass sie an mich dachte
Und so liebevoll,
Stieß mich in einen Blumenteppich,
Und ich schwor ihr süßen Frieden
Und rief bei ihr an und dankte,
Und sie wusste gleich,
Dass sich für sie das Glücksrad wieder drehte.

Ihre Stimme hatte leichte, leise Schwankungen,
Die unterdrückten nur das Lachen
Über eine große Freude.

„Glücklich machst du mich", so sagte ich,
Dass sie verlegen schwieg.

Sie rief mich später wieder an;
Die Sache mit dem Arbeitsplatz
Wär bis auf weiteres gelöst,
Sie käme nun in absehbarer Zeit zu uns,
In meine Nähe, und sie freute sich darauf.
Wie lange das so bleiben konnte,
Müsste man dann sehen.
Darauf sagte ich:
„Wie soll das werden, wenn wir uns so nahe sind?"
Und ihre Antwort wartete ich gar nicht ab
Und sagte noch:
„Ich hab mit deinem Mann gesprochen,
Eigentlich sprach er mit mir".

„Ich weiß,
Und das hat dich gleich krank gemacht,
Dass du am nächsten Tag nicht kommen konntest",
Lachte sie.
Dann sagte ich:
„Dein Liebeslied soll mir ein Pflaster sein.
Ich werd es heute Abend singen".
Und sie sagte:
„Denk an mich dabei".

Das war ganz überflüssig,
Und ich würde es nur singen, um an sie zu denken,
Das fiel mir jedoch erst ein,
Als sie es sagte.

„Hast du wirklich diesen Brief geschrieben?"

„Hat mein Mann ihn dir gezeigt?"
Sie wusste also doch nicht alles,
Und ich sagte: „Ja, so ähnlich, ja".
„Wenn er den richtigen genommen hat,
Dann ist er wohl von mir".

„Naja, dazu möcht ich nichts weiter sagen".
„Brauchst du nicht. Du", sagte sie
Mit weicher Stimme und auch mit Genüsslichkeit,
Als reckte sie sich über ihren Rücken,
"Lass uns heut zusammen sein.
Ich möchte mit dir schlafen,
Möchte bei dir sein".
Das letzte hatte sie geflüstert,
Und ich war nun wieder wach:
„Ich komm darauf zurück.
Soviel ich weiß, liebt dich dein Mann".
„Ich weiß, er hängt an mir,
Und ich an dir".

Dann wieder leise, kaum zu hören:
„Nur von dir will ich ein Kind.
Mein Mann sagt auch zu mir:
Wenn ihr zusammenkämet,

Würdest du von ihm sofort ein Kind bekommen,
Der sieht mir ganz danach aus".
Dann lachte sie ganz unverschämt.
„Aha, und woran sieht er das,
Und warum sagt er das zu dir?"
„Er kennt doch meinen Wunsch,
Und du als Skorpion bist voller Leidenschaft,
Bist voll Begehren, bist voll Eifersucht,
Und was du anfängst, machst du ganz.
Wer sich auf dich verlässt
Ist nicht verlassen".
„Nur der Anfang fällt mir also schwer?"

„Das ist es, ganz genau".

„Und von der Löwin hat er nichts gesagt?"

„Nein, das hab ich zu ihm gesagt.
Ich hab gesagt, die Löwin
Lässt von ihrer Beute nicht", sie lachte,
„Die bist du".

Die nächsten Tage kamen wir
Nur in der Mittagspause nahe aneinander,
Und es war die Freundin stets dabei,
Das war mir sehr, sehr recht.

Ich hielt mir die Gedanken nicht mehr frei
Für anderes und dachte nur an sie,
Und auf den Straßen sah ich sie,
Wenn eine Frau nur ihre Haare trug wie sie,
Sah ihre Hände in den Händen andrer Frauen,
Hörte sie im Lachen andrer lachen
Und verwünschte mich,
Weil ich sogar Begegnungen in unsrem Treppenhaus
Zu meiden suchte,
Dabei sehnte ich mich doch am meisten
Nach der Streichelei,
Nach ihren Händen,
Denen ich mich unterwerfen wollte.

Ihrer Freundin hatte ich nun alles
Ausführlich soweit erzählt
Und wusste nicht genau,
Warum ich mich ihr anvertraute,
Aber es tat gut, ein wenig abzuladen.
Die sah weiter, und sie riet mir,
Ganz alleine einen Urlaubstag,
Vielleicht auch zwei zu nehmen,
Und ich sollte doch verreisen,
Eine Galerie besuchen, mich mit Bildern,
Die ich doch so liebte, zu befassen.
Darin läge auch die Chance
Von allem wieder etwas Abstand zu gewinnen,
Und sonst müsste man dann sehen,
Wie es weitergeht.
Ich sollte auch das Schreiben nicht vergessen,
Das sei mir doch wichtig,
Und sie hatte recht.

Sie war ein guter Mensch
Und litt auch etwas unter einer Neugier,
Wie die Sache zwischen ihr und mir
Nun schließlich enden würde,
Und ich sagte ihr, dass ich von dem Vertrauen
Zwischen ihr und mir
Der andren gern erzählen würde,
Und ob sie dagegen etwas einzuwenden hätte.
„Schließlich", sagte ich,
„Spricht sie ja auch mit ihrem Mann darüber".

„Der ist ja ihr Mann,
Und das ist etwas anderes,
Und ob sie sich daran gewöhnen kann,
Dass ich auch alles weiß,
Kann ich nicht wissen".

Eigentlich hatt' ich erwartet,
Dass sie meinen Vorschlag ganz und gar
Verwerfen würde, und ich dachte,
Dass sie ihn jetzt nur in Frage stellt,
Hat diesen Grund:

Wenn sie sich mit der Freundin über mich
Wird unterhalten können,
Wird sie endlich wissen,
Ob nun etwas zwischen uns passiert ist
Oder nicht.
Sie glaubt mir doch noch nicht so recht.
Ich sagte ihr:
„Sie können sie dann nach der Wahrheit fragen,
Denn Sie denken doch noch,
Dass da etwas war. "
„Ich kann nicht glauben,
Dass es zwischen Ihnen beiden
Nichts gegeben hat, als Quälerei
Und das, was Sie mir sagten.
Jeder Mann packt die Gelegenheit
Beim Schopf, wenn sie sich bietet,
Und dies ist ein schöner Schopf,
Und sie ist eine kluge Frau.
Es ist für mich, wenn ich ganz ehrlich bin,
Nicht zu verstehen,
Dass Sie so etwas verstreichen lassen
Und an ihr vorübergehen,
Und sie bietet sich noch an.
Im Grunde sind Sie ganz schön dumm
Und später wird es Ihnen sicher einmal leidtun".

Dass sie mir nicht glaubte,
Hatte ich ja angenommen, aber nicht,
Dass sie mich nicht verstand,
Und nicht, dass sie nicht sah,
Wie schwer ich mir erkaufen musste,
Was ich mir bewahren wollte,
Und ich dachte,
Ja, du willst dir eine Wahrheit retten,
Die ist längst schon überholt,
Und selbst die braven Leute lachen
Über einen Ritter so wie mich.

Ich sagte: „Gut, wir werden sehen,
Und ich muss mich sehr beherrschen.
Denn die Frau ist mir durchaus nicht gleich,

Und mein Gefühl darf ich hierbei nicht fragen.
Ihren Vorschlag finde ich sehr gut.
Ich werde für zwei Tage Urlaub nehmen,
Ihr nichts sagen
Und mich andren auch sehr schönen Dingen widmen".

Und die Freundin scherzte
„Auf der Reise lernen Sie vielleicht
Noch schöne Frauen kennen".

Ich neige oft dazu
Mich einer Eingebung zu beugen,
Kommt die noch dazu von einer Frau,
Der ich vertraue, um so besser.
So beschloss ich eine Reise in die andre Stadt
Und nahm dafür zwei Tage frei
Und reiste auch alleine,
Und Zuhause gab es keinerlei Probleme,
Ganz im Gegenteil bestärkte mich noch meine Frau.

Das Ziel der Reise sollte eine Kunstausstellung sein,
Die wäre nie in unsre Stadt gekommen.

Fast sechs Stunden dauerte die Fahrt dorthin.
Ich nahm den Zug
Und war schon in der Morgenfrühe
Auf dem Bahnhof.
Nur ein Zeitungsstand, der neben den Journalen
Auch ein wenig Literarisches vertrieb,
War offen.
In dem Fenster sah ich unverhofft
Ein Kunstbuch liegen.
„Künstlerinnen", hieß es nur,
Das kaufte ich mir für die Fahrt.

Der Umschlag dieses Buches
Sprach mich ungewöhnlich an.
Ich wusste nicht warum und hatte jetzt
Auch keine Zeit, um es herauszufinden.

In dem Wagen war es sehr bequem.
Ich schlief die erste Stunde,
Dann schrieb ich an meinen Texten,
Und damit ich irgendwie zur Ruhe kam,
Nahm ich die „Künstlerinnen"
Und sah mir das Titelbild genauer an.
Ich sah das Bildnis einer jungen Frau,
Und nun las ich es nach,
Es hing im ‚Centre Pompidou',
Dort hatte ich es auch schon mal gesehen.
Eine freudige Erinnerung vermischte sich
Mit eigenartigem Erkennen,
Denn die dargestellte Frau
Mit blonden Kunststoffhaaren,
Mit dem grünen Kunststoffkleid,
Dem Kunststoffleib,
Dem eingelegten lebenslosen Leben,
Das zugleich mit der Lebendigkeit,
Als hätte man es eben zur Verbreitung unsres Lebens
In die Welt gesandt, dem Kunstfreund
In die Augen sprang,
War das Phantombild jener Frau,
Nach der ich dauernd auf der Suche war,
Es war die Frau, die in mir lebte,
Die ich überall entdeckte und nicht sehen konnte,
Sie war Mensch und Plastikfrau in einem.
Dieses Bild von ‚de Lempicka'
Wollte ich mir endlich einmal merken.

Lange dachte ich darüber nach
Und hatte aus dem Buch nur dieses eine Bild
Betrachtet.

Gegen Mittag kam ich in die Stadt
Und ging gleich ins Museum, in die Galerie.
Ich gab mir alle Mühe, doch
Ich konnte die Gedanken nicht auf diese Werke lenken.

Immer wieder dachte ich an sie
Und setzte mich gequält auf einen Stuhl.
Der Nachmittag verging,

Ich hätte mir ein Zimmer suchen sollen,
Und ich floh aus dem Gebäude.

Als ich draußen war,
War ich sofort entschlossen und ging auf die Post,
Und rief, als wäre es das Selbstverständlichste,
In ihrer Wohnung an.
Sie konnte grad von ihrer Arbeit
Heimgekommen sein.
Ich ließ es einmal klingeln
Und ihr Mann ging an den Apparat
Ich nannte meinen Namen
Und verlangte seine Frau, falls sie Zuhause sei.

Sie kam und wusste gleich Bescheid.
Ich sagte ihr:
„Ich halt es nicht mehr aus".
Sie: „Ja, ich weiß.
Wo bist du denn.?"
Ich sagte: „In sechs, sieben Stunden
Könnt ich bei dir sein.
Wir hätten dann den Rest der Nacht
Und einen ganzen Tag für uns;
Das würde keiner merken.
Könntest du ein Zimmer finden,
Könntest du von deinem Mann..".
Ich schwieg, und sagte dann sofort:
„Hört er dir zu, ist er mit in der Leitung?"

„Nein, er ist im andren Zimmer.
Aber er wird hören, was ich sage".

„Könntest du denn kommen? "

„Sag nichts mehr, ruf mich
In zehn Minuten wieder an,
Dann weiß ich alles, dann ist das geklärt",
Und unterbrach die Leitung.

Ich war stolz auf mich
Und hatte endlich einen eignen Schritt getan,

Und suchte mir die Ankunftszeiten aus dem Plan,
Dass sie mich treffen könnte,
Und ich dachte auch:
‚Verflucht, wenn sie nun ihre Tage hat,
Dann kann sie auch nicht kommen,
Und wir müssen die Gelegenheit verstreichen lassen'.

Dann rief ich zurück.
Sie war am Telefon und sagte: „Ja, ich komme".

„Was sagt denn dein Mann dazu?"
„..erfährst du später.
Sag mir, wann du kommst".

Ich gab ihr eine Uhrzeit an,
Die war genau um Mitternacht.
Wir sagten uns auch zwei, drei liebe Worte,
Und ich fragte nach:
„Was sagt dein Mann dazu, hört er jetzt mit?"
Sie sagte: „Nein,
Ich glaub, ich hab ihn sehr verletzt".
Dann sagte ich:
„Kannst du denn überhaupt?"

Sie darauf: „Ja, es geht".

Ich wunderte mich insgeheim,
Dass sie verstanden haben musste, was ich meinte,
Grüßte sie und hängte meinen Hörer ein.

Die Zeit verging nicht schnell genug,
Ich dachte nicht an meine Frau,
Und meinen Gott hielt ich in meinem Rücken,
Mochte er mir, wenn er wollte,
Über meine Schulter blicken,
Heute wollte ich nur sie
Vor meinen Augen haben.
Dann fuhr ich zurück.

Es war zu dumm:
Die Ausstellung war mir zu viel gewesen,

Und in dieses Buch der Künstlerinnen
Konnte ich mich ganz vertiefen.
Nie im Leben, dachte ich,
Werd ich die ‚Plastikfrau‘ vergessen,
Und ich übertrug das Bild auf sie.
Es passte ihr wie angegossen.
Sie, so dachte ich, ist die Verkörperung
Des Bildes, das ich sah.
Ich dachte intensiv an sie,
Und ihre Stimme war in mir,
Die sprach mich an und rief aus mir,
Ja, ihre Stimme sprach in mir aus mir:
‚Du bist der Mann aus Blech dazu‘,
Und lachte laut zu mir und lachte wieder:
‚Mann aus Blech, ein Mann aus Blech,
Der ist nicht zu verbiegen!‘

Alles war so wahr,
Dass ich mich heimlich umsah,
Aber niemand sah zu mir,
Der Wagen war fast leer.
Ich hatte mich vor mir erschrocken.

Langsam blätterte ich weiter in dem Buch
Und dachte:
‚Mann aus Blech und Plastikfrau,
Wie sollen die sich jemals lieben können?‘
So entstand in meinem Kopf ein Stillstand,
Der war fürchterlich,
Es war ein Teer, der in der Sonnenwärme
Aus dem umgeworf’nen Eimer kroch.

Dann sah ich auf ein andres Schreckensbild,
Das sprach noch deutlicher mit mir.
Ich sah das Bild der ‚Gentileschi‘:
‚Judith köpft den Holofernes‘.
Dabei dachte ich zuerst,
Die Mörderin hat keine Übung,
Und es ist für sie gewiss das erste Mal.

Ich lehnte mich zurück
Und kurze Träume tauchten auf,
Die pendelten sich zwischen Wachheit
Und erschöpftem Schlafen ein,
Und Wachheit wurde dabei Schlaf
Und Schläfrigkeit war voller Wachsamkeit.
Die Träume trieben mich auf dünnes Eis,
Und ich brach ein
Und konnte doch vor jedem Einbruch fliehen.

Alles brachten sie mir durcheinander:
Frauen, die mich köpften;
Eine Frau, die freundlich zu mir war,
Mich dann verlachte;
Einer Frau lag ich im Schoß,
Die hatte dort und statt der Brüste Schubladen,
Die ich ihr öffnen musste,
Und die gähnten mich in ihrer Leere an;
Und Frauen waren in den Träumen,
Die ich nie zuvor gesehen hatte
Und nicht kannte.

Dann erwachte ich
Und war schon fast Zuhause.
Meine Stirn war etwas feucht vom Schweiß.

Ich saß in einem Wagen, der war ohne jede Unterteilung,
In der Mitte war ein langer Zwischenraum, ein Flur,
Den gingen dauernd Leute auf und ab.
Ich blickte hoch und plötzlich wurde ich gegrüßt
Und wusste nicht, von wem.
Man sprach mich an,
Sie sei die Dame aus der Nachbarschaft,
Drei Häuser weiter,
Und ich sei wohl in Geschäften unterwegs.
Sie sagte noch: „Wir haben's gleich geschafft".

Ich wagte nicht mehr nachzudenken,
Und sie war schon fort.
Im zweiten Augenblick erkannte mich ein Herr,
Den hatte ich zu grüßen,

Und er war erleichtert, dass ich es auch tat,
Und kannte mich mit Namen.
Aus dem höchsten Turm fiel eine Glocke
Und zerschmetterte mich unter sich.

Ich stieg als Letzter aus dem Zug.
Der fuhr nicht weiter,
Stand und stand und stand.
Dann kam sie mir entgegen,
Und sie fand sofort heraus,
Dass wieder etwas gegen uns gehandelt hatte,
Und ich sagte ihr:
„Nun geb ich's auf
Und will nicht mehr
Und mag und kann nicht mehr",
Und gab ihr auch die Leute an.
Sie glaubte mir aufs Wort.

„Du machst dir noch Gedanken
Über diese Witzfiguren", sagte sie,
„Vielleicht denkst du einmal an mich
Ich habe meinen Mann verlassen".
„Das versteh ich nicht.
Was soll das heißen: Habe meinen Mann verlassen".
Und sie wiederholte:
„Habe ihn verlassen. Habe ihm gesagt,
Dass ich ihn nun verlasse
Und hab auch gesagt, warum,
Und dass wir nun zusammenziehen werden".

„Heute Nacht und morgen".

Gut, sie gab mir einen Kuss,
Das hatte ich versäumt und holte es nun nach.
Wir hielten uns
Und brauchten beide diese Stütze.

Dann fing ich noch einmal an:
„Ich glaube, das sind alles Zeichen gegen mich".

Sie schrie,
Dass es im ganzen Bahnhof widerhallte:
„Nein!"
Und dann zu mir:
„Jetzt machst du, was ich sage!"

„Gut, hast du ein Zimmer?"

„Nein, wir gehen ins Hotel. "
Ich sagte: „Das wird viel zu teuer,
Soviel Geld hab ich nicht mit.
Bei uns ist alles eingeteilt,
Ich weiß nicht einmal, wie viel ich verdiene".

„Spar dir die Gedanken.
Geld hab ich genug dabei".
Sie war nun voller Energie
Und wollte es zu Ende bringen,
Und ich sagte schnell:
„In Gottes Namen".
Darauf Sie: „Der wird nichts ändern".

Drüben in der Seitenstraße sagte sie:
„Geh du voran und schreib den Meldeschein".

Wir gingen ins Hotel,
Und sie war eng an meiner Seite.
Ja, ein Doppelzimmer war noch frei.
Dann trug ich meinen Namen und den
,Namen meiner Frau' auf diesen Schein.
„Sie sind aus dieser Stadt?"
Ich sagte „Ja, wir beide".
„Tut uns leid,
Dann dürfen wir Sie hier nicht übernachten lassen".
Ich verstand die Dame nicht:
„Was ist denn das?"
„Ja, wir sind leider dazu angewiesen.
Von der Direktion, verstehen Sie.
Den anderen Hotels ist es genau wie uns
Verboten".

Draußen auf der Straße war es eisig kalt.
Sie sagte schnell:
„Die sind total verrückt,
Wir suchen uns ein andres Zimmer".
Und ich sagte: „Nein,
Das ist für mich die dritte Warnung.
Nichts wird mich mehr dazu bringen!"

Plötzlich fing sie an zu weinen,
Und sie könnte nicht nach Haus zurück.
Dann schimpfte sie auf mich,
Ich hätte alles nur so eingefädelt,
Um sie neu zu quälen,
Und sie sei so ‚saudumm‘,
Dass sie noch einmal darauf reingefallen wäre:
„Ja, du bist ein .Schwein!"

Das kannte ich
Und fühlte mich nicht schuldig
Und war frei und nicht durch mich.
Es sollte, dachte ich nicht sein,
Und ließ sie endlich einfach stehen.
In der Bahnhofstür hielt ich mich noch
Fast eine Stunde auf, sah unentwegt zu ihr.
Sie blieb, wo ich sie hatte stehen lassen.
Sie fuhr ab und zu
Mit einem Taschentuch in ihr Gesicht.

Dann ließ ich alles sein
Und fuhr nach Hause.

Morgen würde ich, als wäre nichts geschehen,
Wieder arbeiten
Und meinen Urlaub streichen lassen.

So begann ein neuer Tag in Demut.
Meinen ganzen Mut nahm ich zusammen
Und rief bei ihr an und fragte:
„Lebst du noch", und:
„Kannst du mir verzeihn?"

Sie hatte einen frohen Ton in ihrer Stimme,
Sagte gleich:
„Wir haben Pech gehabt,
Und das ist alles".

Darauf sagte ich:
„Ich hab dir lange nachgesehen".
"Ja, ich weiß.
Ich dachte auch, du würdest dich besinnen
Und noch einmal kommen".

„Konntest du mich sehen? Woher weißt du das".

„Ich stand vor einer großen Fensterscheibe,
Und du hast dich drüben in die Tür gestellt.
Ich hab dich immerzu beobachtet".
Jetzt konnte sie darüber lachen,
Und ich war erleichtert.
„Du da drüben hattest nur den Rückenakt der Dame,
Und ich hatte dich frontal in meinem Spiegel",
Sagte sie.

„Dann bist du wirklich nicht mehr böse?"
„Nein, bestimmt nicht".
"Und dein Mann?"
„Der fand es gut,
Dass ich so schnell nach Hause kam.
Genau gesagt, war er nicht da,
Als ich Zuhause war".
„Es ist doch spät geworden..
Also gut".
Wir legten auf.
Es kam ein anderes Gespräch dazwischen.

Alles schien mir unwahr,
Und auf meinen Augen klebte noch der Rest
Von einem Spinnweb,
Das ich mit den Fingerspitzen
Fortzuziehen suchte.

Im Sommer nahm sie plötzlich
Ihren Urlaub.
Davon zeigte sie der Freundin
Und den andren Bilder,
Mir, und nicht den anderen, jedoch ein Bild,
Auf dem sah man die Doppelbetten stehen.
Sie lag ganz allein und brav darin.

„Da hat dein Mann dich aufgenommen?"
Fragte ich.
Sie wusste, dass ich sie verstanden hatte.
Dazu nickte sie.
Es war das Picken eines Vogels
Aus der Tränke.
Mir schien sie sich gut erholt zu haben,
Hatte eine schöne Farbe im Gesicht,
Und mit der Stimme,
Deren Lachen ich so liebte,
Stieß sie bis in meinen Himmel,
Und ich dankte meinem Gott,
Dass ich sie wieder sehen durfte.

Ja, ich hatte sie vermisst,
Bis zur Verzweiflung nach ihr ausgeschaut
Und hatte mich zugleich beruhigt:
Das ist eine Medizin,
Die wird dir gut bekommen.

Unser Umgang miteinander war nun wieder etwas
Distanziert, und sie sprach nicht ein Wort
Von der Beziehung zwischen uns.
Wir sagten im Büro auch zueinander ‚Sie'.

Dann feierten wir den Geburtstag,
Den sie hatte, und ich schrieb ihr ein Gedicht,
Das spielte nicht auf unsre Liebe an.
Ich schrieb vom Freiheitskampf
Der Gummibärchen, die in Tüten leben,
Und dann, wegen ihrer Süße
Als Bonbons gegessen werden.
Das Gedicht ging so:

> **Die Zeit der Gummibärchen ist vorbei,**
> *Sie schrien umsonst*
> *Nach einer dummen Freiheit.*
> *Kinder haben die Bonbons gegessen;*
> *Von den aufgeblasnen Tüten*
> *Blieb ein Knall.*
>
> *Man lässt das Unkraut*
> *Wieder in den Gärten wachsen.*
> *Zwischenwege, die einst waren,*
> *Sind vergessen.*
>
> *Irgendwo entsteht ein neuer Ursprung,*
> *Den erkennt man*
> *An der ausgestreckten Hand.*
> *Die schneidet einfach Fenster*
> *In die Landschaft.*
> *Das bringt Raum*
> *Und großen Abstand.*

Natürlich hatte ich auf vieles angespielt.

Im Oktober sandte sie mir einen Brief.

Ich hatte meine Liebe nicht verhindern können
Und nicht kühlen können,
Und ich dachte so zu mir:
,Wenn sie nun nichts mehr sagt,
Dann wird sie es vergessen haben,
Und es kann auch sein,
Dass sie ein Kind erwartet

Und es mir nicht sagen mag.
Es kann auch tausend andre Gründe haben`,
Und ich redete mir eine Ruhe ein,
Die konnte keine Ruhe werden,
Aber ich hielt still
Und bastelte an meinem Scherbenhaufen.
Was benutzbar war, wollt ich für mich
Verwenden und gebrauchen.
Die Lektion, so dachte ich,
Ist letzten Endes gut.
Soweit war ich, als ich den Brief bekam.
Der Vorsatz, ihn nicht mehr zu öffnen,
War dahin.

Ich musste, um vor mir ein wahrer Mensch zu bleiben,
Alles wissen, was sie schrieb.
Nach diesem Brief erhielt ich einen zweiten
Und danach den dritten und....

Ich dachte, dass ich sie
Und damit mich verstehen lernen würde,
Lernen könnte mit uns beiden besser umzugehen,
Und ich gebe ihre Briefe nun,
Im Nachhinein, so wie sie kamen wieder.
Wochen liegen zwischen ihnen.
Mögen sie aus ihrer Sicht ein Bildnis sein.
Dazu gehört jedoch, dass ich den allerersten Brief,
In welchem sie das Angebot,
Für mich zu arbeiten, verfasste,
Auch vorlese,
Weil man sehen wird,
Dass sie mit ihrem neuen Schreiben darauf fußt.
Den Brief schreibt sie nach Mitternacht
Und redet mich darin nicht an.

Der erste Brief:
„Ich liebe dich und mache dir ein Angebot.
Zum Ersten liebe ich nur dich,
Und mich und alle anderen verrate ich damit.
Zum Zweiten biete ich dir an,
Für dich nach Feierabend

Und an Wochenenden deine Texte abzuschreiben.

Drittens bleibe ich noch zwei, drei Jahre
In der Firma,
Dann versuche ich zu wechseln,
Um mehr zu verdienen,
Und du brauchst nicht mehr zu arbeiten.
Wenn du", fährt sie nun fort,
„An meiner Absicht, ihrer Echtheit, zweifelst,
Dann leg deine Hand
Auf meine linke Brust.
Mein Herz ist zwar gebrochen,
Aber deine Liebe wird es dann lebendig machen.
Unterschrift".

Sie hatte aufs Papier des eigenen Vertrags geschrieben,
Den sie mit der Firma abgeschlossen hatte,
Dass ich sah, was sie verdiente.

Nun kam jener *zweite Brief*,
Der sich darauf bezog.
(Am Anfang schreibt sie meinen Namen,
Nur den Namen und. daneben stehen
Datum und die Uhrzeit. Es ist mittags.):
Ich bezieh mich auf mein ‚Angebot',
Das kann in dieser Form nicht gültig bleiben.
Zu Punkt eins:
Ich glaube zwar,
Die Fähigkeit des Menschen zur Veränderung,
Sich zu verändern,
Ist nicht ohne Grenzen möglich,
Ich jedoch, will mich nicht künstlich so beschränken.
Eine Freiheit, mit dir in Verbindung, ja,
Das heißt, wenn sie mir alle Möglichkeiten offen lässt.
Ich akzeptiere die Zerstörtheit in uns beiden,
Aber es verbietet mir ein Trieb,
Aus dem heraus ich dich so sehr, sehr liebe,
Mich auf der Zerstörtheit auszuruh'n.
Die Liebe, die ich für dich habe,
Ist das Gegenteil von Tod
Und springlebendig,

Ja, mein. Lebenswille
Bricht durch alle destruktiven Komponenten
Unserer Beziehung;
Deshalb diese Korrektur zu meinem „Angebot":
Zu eins: Ich liebe dich.
Zu zwei: Ich möchte viel mehr über dich erfahren.
Lies mir vor von dem, was du geschrieben hast
Und lass mich fragen,
Lass dich auch auf meine Fragen ein.
Zu drei: Ich lehne es ganz einfach ab,
Dir weiterhin noch mehr die Illusion zu geben,
Dass du dich von den Bedingungen,
Die realistisch um dich sind,
Entfernen kannst.
Das heißt, du kannst dich nur verändern,
Wenn du dich auf alle die Erscheinungen,
Die dich umgeben,
Mit dem ganzen Wesen einlässt.
Außerdem, wie soll ich mich entwickeln,
Wenn ich alle meine Zeit
Für fremde Zwecke opfere.
Ich will nicht opfern sondern helfen.
Helfen will ich gerne.
Solche Unterstützung kann dir helfen.
Sag mir, was du denkst.
Ich mag dich". (Unterschrift)
Wohlgemerkt,
Ich ließ die Schreiben unbeantwortet.
Vielleicht auch, weil ich sie nie ganz verstand.
Sie standen mir im Gegensatz zu einer
Und zu meiner Liebesabsicht,
Und die sollten sie, so dachte ich, doch grad begründen.

Dritter Brief
(Mein Name, Datum):
„Wollen wir das Werk derjenigen, die uns zerstör(t)en,
Selbst auf diesem Weg vollenden?"
Damals wusste sie nicht, dass ich ihre Briefe wieder las,
Daher der nächste Satz:
„Solange diese beiden Briefe ungeöffnet bleiben,
Gibt es für uns keine Lösung.

Einen Waffenstillstand kann es nur dort geben,
Wo der Krieg herrscht.
Das heißt nur, man schreitet mit Gewalt in den Konflikt,
Und Krieg und Waffenstillstand
Können niemals Mittel sein,
Um das Problem zu lösen.
Jedes zwanghafte Vergessen
Ist Heraufbeschwören
Einer Fehleinschätzung der Realität,
Heraufbeschwören unberechenbarer Ängste
Und der Kriege".

Vierter Brief
(Nur Datum, Uhrzeit: nachmittags halb sechs):
Verständigung
Ist die utopische Erweiterung von Sprache.
Einen einmal angefangenen Prozess
In der Verständigung zu unterbrechen,
Heißt auf den Verständigung Versuchenden
Und den Verständigung noch Suchenden.
Gewalt in stärkstem Maße auszuüben,
Und sich der Gewalt nicht zu entziehen,
Nicht mit anderer Gewalt dagegen anzukämpfen,
Heißt sich der Verletzung auszusetzen.
Ich bemerke, wie an mir die Risse
Und die Wunden immer größer,
Immer tiefer werden,
Und ich sage dir,
Solange ich das Brennen
Meines rohen Fleisches spüre,
Brauche ich die Hoffnung noch nicht
Aufzugeben.
Weg von dem Sadismus, Masochismus,
Der sich weidet an der Quälerei.
Lass Wunden zu,
Um ihre Konsequenzen, ihre Wurzeln
Zu erforschen, um zukünftig Leiden
Von derselben Art ganz zu vermeiden.
Daraus wächst die neue, ungeheure Kraftentfaltung;
Eine Energie wird freigesetzt,
Sie lebt von völlig neuen Konstruktionen".

Fünfter Brief
(Ganz ohne Namen, nur mit Datum
Und gehetzt geschrieben):
„Du kannst sagen,
Was hab ich mit dir zu schaffen,
Du kannst sagen,
Dass du nichts mit mir zu schaffen haben willst.
Mir darfst du aber eines nicht,
‚Vergiss mich!‘ sagen.
Damit zwingst du mir mit allen Konsequenzen auf,
Was du von der ‚Beziehung‘ zu mir hältst,
Du willst damit auf meinen Willen
Einfluss nehmen.
Sicher könntest du von mir verlangen,
Dass auch ich mit deinen Augen sehen lernte,
Die Realität, in der du lebst,
Verstehen lernte.
Eines aber darfst du nicht,
Du darfst mir nicht verschreiben, ja, verschreiben,
Was ich mit Gedanken und Gefühlen,
Ob für dich, für mich zu machen habe.
Das ist meine Sache.
Mit mir kannst du machen, was du willst,
Und hoffentlich erwartest du nicht,
Dass ich dir zum Wohlgefallen alles mache
Und nur deiner Fährte folge,
Dass ich etwa sagen müsste:
Du hast Schuld an mir, dass ich so bin.
Doch was ist Schuld,
Was ist das, eine Schuld?
Ich habe nichts mit ihr zu tun.
Sie macht mich höchstens traurig,
Und sie ist nicht mein Gefühl,
Sie hat mit dir zu tun..
Ja, das Empfinden einer Schuld
Ist Seelenwäsche jedes einzelnen.
Versuche etwas: Werd lebendig!
Mehr wirst du dagegen kaum noch machen können!
Frag dich: Warum ist sie traurig,
Hab ich daran eine Schuld?

Kann ich es ändern, und:
Warum, ruf ich in ihr
Die Traurigkeit hervor?
Die Schuld hat zwei gewollte Konsequenzen:
Sie macht klein und unterdrückt,
Und kleinlaut werden die Gedanken,
Die man wegen einer Ungerechtigkeit
Zum Himmel schreien müsste.
Das gilt auch für die Verhältnisse,
Die überhaupt bestehen.

Ja, die Schuld an einem selbst
Verhindert es, die andren Missetäter auszurufen.
Zweitens brauchen sich die Menschen selbst
Nicht zu verändern.
Das ist doch bequem,
Ein Ruhekissen für Empfindungen,
Es ist ein Garten mit beschilderten Gefühlen,
Anzufassen, zum Berühren.
Eine Züchtung reiht sich an die andere.
Sie sind zum Kennenlernen,
Und man lernt sie so nicht kennen.
Schließlich lebt man ja nicht
In der Wildnis,
Und es kostet viel mehr Energie
Lebendige Personen wahrzunehmen,
Ihnen mit den Mitteln eines ‚Menschen' zu begegnen,
Als sie in ein ‚Fach', das grade passt, zu legen
Und sie abzustempeln:
Ist moralisch zu vertreten oder nicht.
Es ist ein Stempel, den die ‚andren'
Wohl genauso geben würden.
Schließlich wird man selbst zum Opfer,
Selbst zum Stempel,
Den benutzen dann die ‚andren'.
„Ich hab Schuld daran.". ist leicht zu sagen,
Das ist weiter nichts als
Schubfach drei von oben mit dem Schild:
‚Für Unwohlsein, für Selbstvorwürfe
Und für Eigenzweifel'.
Schuld ist weiter nichts,

Als Vorprogramm für seelisch-geistige Verarbeitung
Und eigentlich die geniale Falle
Unseres Zusammenlebens:
Hast du Schuld, bist du in sie geraten.

Schuld engt ein, hemmt deine Neugier
Andre Leben zu probieren:
So macht sie dich dumm.
Du kannst nichts mehr in Frage stellen.
Wenn du Schuld empfindest,
Bist du in der Wiederholung, eines Machtverhältnisses,
Dem kannst du nicht
Aus eigner Kraft entkommen,
Die ‚Verwertung' schreitet fort.

Ich komme nun zu dir.
Du hast von mir verlangt,
Dass ich, wie du, das Spiel mitspiele
Und dich so entschuldige,
Das zieht dich weiter ins ‚Verderben',
Und ich sehe mir das nicht mit an!
Hier ist die Punkt, hier ist die Stelle,
Wo sich unsre Welten trennen
Oder richtiger,
Wo unsre ‚Welten' aufeinander stoßen,
Wo zwei ‚Welten' sich begegnen.
Hier verlöre ich, was ich den ‚Glauben' nenne,
Den an dich
Und alle lebenden Geschöpfe.
Deine Antwort höre ich:
„Auch ich hab einen, meinen Glauben,
Den geb ich nicht auf".

Wir müssen über unsren Glauben
Miteinander reden können
Und Bereitschaft zeigen.
Allerdings bin ich der Meinung,
Dass ich dich von meinem Glauben überzeugen kann,
Und dass er für uns beide gut ist.
Du hast diese Hoffnung nicht.
Dein Glaube lässt nicht mit sich reden.

Alle wären wir verurteilt still zu stehen,
Lebten einer neben jedem anderen
Und kämen nicht voran und nicht zurück.
Die Kriege, alle Kriege, sind aus diesem Grund
Am Leben.
Wenn wir etwas retten wollen,
Dann doch uns zu allererst!
Wir müssen sehen und erkennen
Wie wir aufeinander angewiesen sind.
Das will ich nicht im negativen Sinn
Für mich begrenzen,
Weil ich weiß, wohin das führt,
Mein Selbstbewusstsein braucht das nicht,
Ich kenne diesen Trick.
Ich will sehr viel Vertrauen, Dialoge.
Jede Rangelei um ‚Güter unsres Glücks‘
Verdrießen mich,
Ich mag sie nicht,
Ich mag sie weniger als möglich.
Daran wächst ein schlimmer Dorn:
Man denkt sehr leicht, das wäre Überheblichkeit.
Dem setze ich mich aus.
Wenn der mich sticht,
Brech ich in mir zusammen
Und bin hilflos.
Dir macht das nichts aus.
Es stört dich scheinbar nicht,
Dass ich den Abstand halte.
Deshalb dachte ich, du wärest so wie ich,
Du wärest wirklich ‚Ich-bezogen‘.
Doch dein ‚Ich‘ ist weiter nichts
Als eine Zucht,
Die kommt aus einem Schrebergarten!
Glaube, Liebe, Hoffnung, wachsen wild!
Die kann man nicht begießen
Und beschneiden,
Denen kann man nicht zu gradem Wuchs verhelfen.
Ja, die wachsen in der Freiheit auf,
Die haben alle drei denselben Boden;
Ihre Wurzeln ähneln sich,
Das ist kein Zufall.

Sie bedingen sich einander,
Und ich kann sie nicht in meiner Seele
Voneinander trennen.
Doch dein Glaube schließt die Liebe aus,
Und du lebst auch in einer Wildnis,
Aber die ist karg und unfruchtbar,
Dein Weg ist falsch.
Du bist so voller Widerspruch,
Denn alles machst du nur,
Um ausgetret'ne Pfade zu vermeiden.,
Und in Wahrheit gehst du immerfort auf ihnen,
Siehst nicht links nicht rechts davon
Und, was noch schlimmer ist,
Siehst nicht in dich dabei.
Dein drittes Auge, das nach innen sieht,
Hast du dir, scheint es,
Ausgestochen,
Und man denkt,
Wenn man dich sieht:
‚Der hat ein großes Ziel vor Augen,
Und gewaltig ist sein Marsch'.
Das müsste dir zu denken geben,
Denn du siehst nicht,
Dass du dich von etwas fortbewegst.
Du stehst dir selbst im Rücken und im Wege,
Und du fliehst vor dir, vor deinem ‚Ich'.
Dem ‚Ich' in dir lässt du in deiner Existenz
Ein kümmerliches Dasein,
Das hält sich nur auf Papier,
In den Gedichten, die du schreibst,
In den verschlüsselten Geschichten.
Deinem ‚Ich' gestattest du es nicht,
Sich auszuruh'n.
Es wird von dir gequält,
Weil andere dich quälten.
So gesehen, sehe ich,
Dass du dir mit dem Schreiben
Eine Freiheit baust,
Die könnte eine Freiheit werden.
Aber gibt es nicht umfassendere Arten,
Ohne auf das Dichten zu verzichten?

Mögen meine Bleistiftmine, das Papier
Für diesen Brief, für diese Zeilen
Auch vergeudet sein,
Und meine Zeit hätt ich vielleicht
Für Häuslichkeiten besser nutzen können,
Hab sie so mit Denkbarem vertan,
Doch dies ist eigentlich,
Was ich dir sagen wollte:
Nichts kann meine Liebe zu dir löschen,
Auch du selber nicht
(Und Lieben schließt die Wut nicht aus,
Die geht vorüber).

Trennung, räumlich uns zu trennen,
Ist nur die Verschiebung des Problems.
Und ein Beiseiteschieben
Ist von neuem Flucht,
Und wenn du mich aus deinem Denken ausschließt,
Mich in dir nicht wohnen lässt,
Lieb ich dich deshalb doch nicht weniger.

Ist das nicht eine ‚ideale' Liebe?
Liebe unter jedem Umstand und bedingungslos?
Kann ich nicht anders, weil ich machtlos bin,
So machtlos wie ein Kind?
Ich bin doch gar nicht machtlos,
Könnte mich ja gegen meine Selbstverstümmelungen
Wehren.
Wie du siehst, such ich mir meine Wand,
Und renne gegen sie, so oft ich will.
Und diese Wand wird stehen bleiben.
Ist es das, in was ich mich verliebte?!
Dieses ist in unserer Beziehung
Das, was mich zerstört.
Du bist die Macht darin.
Kannst du dich wiederfinden?
Also zwing ich mich,
Die Augen aufzuhalten.
Nichts davon soll sich an mir, der Blinden,
Wiederholen,

Und ich will erkennen,
Wann ich mich dagegen wehren muss:
Denn trennen will sich die zerstörerische Liebe
Von der Liebe, die im Wachsen ist.
Zerstörerische Liebe ist ein Schein,
Die sonnt sich in der Tradition.
Die andere wird Blüten tragen wollen.
Hör nun zu, was ich dich frage:
Kann ich diese Trennung finden,
Kann sie mir gelingen?
Hätte sich die Wiederholung gleich verhindert
Und vermieden mit dem ‚Nein‘,
Dem ‚Nein‘, das ich als erstes hätte sagen müssen?
Ist die Chance (schon) verpasst?
Wenn das so ist,
Dann wiederhole, inszeniere ich mit dir,
Mit jedem neuen Tag,
Das Leben einer ungeliebten Tochter.
Dann erfahre ich an dir mit jedem Tag
Den Vater, der die Liebe seiner Tochter
Nicht erwiderte.
Das wär ein Spiel,
Zu grausam inszeniert,
Um länger zu bestehen,
Und ich will, ich will, ich will es enden.
Ist es mir noch immer nicht gelungen?
Manchmal denke ich auch völlig anders,
Denke, dass mir eine Anstalt helfen könnte.
Doch dann sehe ich vor mir die Seelenärzte,
Die mich wieder ‚funktionieren‘ lassen möchten,
Und nach ein paar Wochen wird es heißen:
Ab in die Verwertung.
Der Prozess beginnt von neuem
Weil die Prozedur nicht endete.

Den Ärzten gegenüber bin ich voller Misstrau‘n,
Und ich sagte dir ja damals,
Dass ich mit dem Arzt…
War das der Reiz,
Warum ich ihn an meinen und in meinen Körper
Und in meine Seele ließ?

Nun hab ich etwas Angst,
Dass du dich bei dem Lesen langweilst,
Auch, dass ich dich so vielleicht
Von deinem Werk entfernt und abgehalten habe.
Ist es so, dann finde ich es trotzdem
Sehr, sehr traurig.
Übrigens bedeutet Anstalt Freiraum.
Frei im Raum von jeder Pflicht.
Allein dies Wort ist Schutz,
Jedoch ein Schutz, den es nicht gibt.

Ich bin die Feindin des Systems,
Und das System ist überall.
Die Folgen des Systems sind tief in mir
Verwurzelt.
Darum wünsche ich mir auch Oasen
Und ich halte danach Ausschau,
Ausschau halte ich nach etwas,
Das es gar nicht geben kann.
Ich blicke trotzdem hoffnungsvoll umher.
Ich träume heute Nacht bestimmt von dir.
(die Unterschrift)

Ich wurde ziemlich krank,
Ein Fiber saß in meinem Körper
Und stand in der Tür,
Zum Sprung bereit auf meine Seele.
Da schrieb sie mir mit der Freundin einen Brief,
Der gab mir' wieder Freude.
Und sie schrieb zum Schluss:
„...Nachdem wir hier den höchsten geistigen
Und den moralischen Bedürfnissen
Die Stirn geboten haben,
Treten wir ermattet aber selbstzufrieden,
Unsren Heimweg an.
Wir wünschen gute Besserung.
Jedoch bedauern wir zutiefst,
Dass wir Sie im Moment so wenig ärgern können.
Es entgeht uns dadurch doch ein gut Teil
Wahrer Lebensfreude?"

Diese Späße mochte ich.
Die grüßten mich und trugen so zu der Gesundung bei.

Der fünfte oder sechste Brief
War die Kopie von aufgeschrieb'nen
Oder abgeschrieb'nen Folgerungen,
Die mich sehr verwirrten.
Er enthielt nicht einen Namen,
Nur ein Datum, und es schossen Pfeile
Zwischen den Begriffen, die dort standen, hin und her.
Sie sprach von Zwang und Pflicht,
Von Lust, Struktur, Verarbeitung,
Funktion und Abwehr, vom Vergessen
Und vom Sich- Erinnern.
Alles schien mir wirr, und war vielleicht
Ein Abriss aus der Studienzeit.
Ich habe nie danach gefragt.

Das Jahr ging ruhelos zu Ende,
Und wir mieden uns
Und sahen uns nicht in die Augen.
Und begegneten uns kaum,
Doch stand von Kopf zu Kopf auf uns
Ein weißer Bogen hellen Lichtes,
Der saß fest
Und sprang nicht ab
Und ließ uns zu den Säulen eines Eingangs werden.
Ohne, dass wir miteinander sprachen
Trug der uns einander die Gedanken zu
Das endete den ganzen Tag nicht
Und nicht in der Nacht.
Der Bogen wurde immer greller,
Und je näher wir uns kamen,
Desto deutlicher stand er auf uns,
Und bündelte sich um so stärker.

Einmal liefen wir uns unverhofft
Im Treppenhaus vor die Gesichter,
Und ich küsste einfach ihr die Stirn.
Sie suchte flüchtig meinen Mund

Und flüsterte: „Ich liebe dich, ich liebe dich".
Ich küsste sie zurück.
Den Bogen hellen Lichtes
Zogen unsre Köpfe wieder auseinander.
Spät im Januar kam sie zu uns
Und hatte ihren neuen Arbeitsplatz auf meinem Stockwerk,
Gleich nach Ostern
Würde sie die Firma ganz verlassen.
Wenig, sprachen wir darüber,
Nur das Nötigste
Und nichts, was die Bedrängnis in uns
Hätte zeigen können.

In den Ostertagen
Trudelte bei mir Zuhause
Eine off'ne Karte ein.
Es war ein Ostergruß ganz eing'ner Art.
Die eine Kartenseite war beklebt
Mit schmachtenden Verliebten und dem Text
„Lass schwören wieder mich aufs Neu
Dir meiner Liebe ewge Treu".
So stellte sie mich bloß,
Denn meine Frau las diese Worte doch vor mir
Und fragte, ob denn noch nicht Ruhe sei,
Und jetzt sei sie so weit
Und wollte sie zur Rede stellen
Und sie nach der Absicht fragen,
Und das ginge doch zu weit.

Ich sagte,
Es sei alles lange aus,
Und bat sie zu vergessen,
Und sie tat sich schwer damit,
Ich dachte auch, man tut ihr Schlimmes an,
Und mir war es nicht leicht,
Dass ich mit Lügen leben musste.
Dann sah ich den Text der Karte
Auf der andren Seite,
Den sie wohl geschrieben oder abgeschrieben hatte,
Um mich so zu treffen,
Oder die Banalität an mir zu zeigen:

„Wenn die Osterglöckchen läuten,
Welch ein Freudenzauber nimmt mich an die Hand
Und lässt mich dieser Tage
Blicken ins Erwachen der Natur.
Ja, offenbart sich nicht in ihr und allem,
Was sich tief in unsrem Busen regt,
Von Seiner großen Güte etwas, Seiner Macht?
Wir wollen uns zu unsrem Besten
Fügen in den großen Plan,
Hernach aus seiner Hand
An Liebe zu empfangen,
Die ist mit des Anstands
Schöner Zier gekrönt
Und wird zuteil dem Haupt,
Das sich in frommer Demut beugt,
Felice, deine Glückliche".

Nach Ostern nahm sie ihren letzten Urlaub,
Und es lag ein Tag dazwischen.
Diesen Tag, so war es üblich,
Wollte sie von den Kollegen
Und im Kreise der Kollegen Abschied nehmen.
Meine Angst davor war groß,
Und machtlos hatte ich mit angesehen,
Was geschehen war.
Der Lauf der Dinge fragte nicht,
Und alles war normal, wenn man nicht fragte
Und nichts wissen wollte,
Und ich sagte mir:
Du kannst daran nichts machen,
Und vielleicht wird sie
Vielleicht wirst du nun wieder froh.
Ich schwieg mich aus
Und schimpfte dann mit mir,
Weil ich in einer Feigheit,
Die ich nicht mehr überwinden konnte,
Diesen Tag nicht im Büro erschien.
Ich nahm mir frei
Und hatte einen Grund.

Ich hörte später, wie man sagte:

„Sie hat diesen ganzen Tag geweint
Und traurig dagesessen,
Und der Tränenflor ist nicht gewichen".
Ich verbrachte diesen Tag
Mit einer Hausarbeit, mich abzulenken.
Ein paar Tage später sandte sie mir noch
Ein Buch zurück, das hatte ich ihr ausgeliehen,
Und sie selbst vermachte mir ein Werk,
Von einer Frau geschrieben,
Das erklärte, wie die Kindheit
Und die Jugend den Erwachsenen in allem
Was er denkt und tut, bestimmt.
Die erste Seite, unbedruckt, benutzte sie,
Um mir noch etwas mitzuteilen,
Redete mich mit dem Namen an und schrieb:
„Wir haben uns missachtet,
Gegenseitig nicht geachtet.
Wir missachten uns noch immer selbst
Und haben es nur so gelernt.
Man hat vor uns die Ängste vor
Verlust, Bestrafung, Tod gestellt,
Sie sind der Grund,
Dass wir in starren negrophilen Schritten,
Die aus dem Theater stammen,
Aufeinander zugeh'n
Oder uns entfernen.
Wir sind so nicht in der Lage
Einen Unterschied zu finden
Zwischen Kräften der Bejahung und Verneinung,
Das ist unsre Lebenspraxis.
Darum konnte es uns nicht gelingen,
Dieses masochistische und auch sadistische Verhalten
Zu durchbrechen und herauszubrechen.
Dass wir unsre Rollen tauschten, brachte gar nichts.
Das, so denke ich, ist das Dilemma.
Dir und mir wünsch ich,
Dass endlich unser Tagestod beendet wird,
Wir dürfen unsre Tode nicht mehr
Langsam täglich weitersterben".
(Unterschrift)

Die Zeit, so dachte ich,
Heilt alle Wunden.
Zweimal kam sie noch an ihren alten Arbeitsplatz zurück,
Nur zu Besuch,
Und saß an meinem Tisch
Und ließ sich dort ganz fröhlich über alles aus,
Und unsere Gedanken,
Die wir uns in neuen, frischen Kleidern zeigten,
Kamen, gingen eigentlich
Mit völlig andren Worten , als wir sprachen,
Über unsren Bogen hellen Lichtes.
Der stand wieder knisternd über uns
Und ließ sich nicht betrügen,
Und er stand auf unsren Köpfen kopf.

So sprachen wir von uns
Und stellten damit nach dem andren Fragen,
Sprachen über liebe Dinge,
Die wir so dem andren sagten,
Stritten wieder um das Denkbare
Und dass es nun kein Ende nehmen würde,
Und wir würden jeder, was es auszutauschen gäbe,
Schon sehr bald für sich behalten müssen,
Und ich hoffte auch für mich:
„Vielleicht wird sie von ihrem Manne schwanger,
Das würd mich ernüchtern
Und sie ihrem Wunsch ein wenig näher bringen".
Sicher war es so, dass sie mir die Gedanken
Raten konnte,
Denn ich spürte, was sie dazu dachte:
„Nein, ich will das Kind von dir,
Und frag mich nicht, warum,
Ich weiß es selber nicht".

In Wahrheit aber sprachen sie und ich
Die Tagesdinge an,
Die wollte keiner von uns beiden wissen.

Irgendwann begann sie eine neue Arbeit,
Und ich hatte Tag für Tag an sie gedacht,
Und hatte Tag für Tag darauf gewartet,

Dass ich sie vergessen würde,
Dass ich in Gedanken nicht mit ihr
Gesprochen hätte,
Und dem Kopf kann man doch die
Gedanken nicht verbieten.

Ihre Freundin blieb eng in Kontakt mit ihr
Und wurde schnell zur Brücke für uns beide.
Wir vermieden es, dass sie für uns zur Botin wurde
Und wir ließen uns durch sie
Nicht eine Nachricht überbringen,
Und wir fragten nie durch sie direkt
Und ließen uns durch sie doch jeden Satz des anderen
Fast wörtlich übermitteln,
Schürften darin nach dem Gold,
Das war so nicht zu finden.
Und ich fragte auch für Wochen nicht nach dem,
Was sie der Freundin sagte.
Damit staute sich in mir
Die Neugier bis zur Unerträglichkeit,
Dass ich mich selbst nur noch zwei Dinge
Wählen lassen wollte:
Ruf sie an, frag sie direkt,
Ob sie noch an dich denkt,
Weil du sie nicht vergessen kannst,
Und alles fängt von vorne an,
Und andrerseits bleib an der Freundin hängen,
Forsch sie weiter aus
Und warte auf den Tag.
An dem du sie vergessen hast.

Mir hätte man von solchen Dingen
Nichts erzählen dürfen.
Jedem hätte ich ein Schnellrezept entworfen
Und die Weichlichkeit, in der ich selber stand,
Verdammt.

Dann fing ich an
Mich damit abzufinden,
Dass ich täglich an sie dachte,
Und ich sah es ein.

Es war ja töricht, anzunehmen,
Dass sich etwas Unerfülltes
Durch Vergessen auch vergessen ließe.

So vergingen eineinviertel Jahre.
Dreimal rief sie an,
Und einmal hatte ich nach ihr am Telefon verlangt.
Ich gab ihr zu,
Dass mir das Herz bis in die Schläfen schlage,
Und ich brauchte danach mehr als eine Woche,
Um mich zu beruhigen.

Einmal schrieb sie mir noch einen Brief,
Der hatte mich in seiner Sprache so verletzt,
So tief verletzt,
Weil sie den Wunsch, den ich und sie
Gemeinsam hatten, drastisch formulierte,
Und sie schrieb auf einer ganzen Seite immer wieder:
„Fick mich, fick mich..." usw.
Zwischen diese kurzen Sätze
Schrieb sie eine Uhrzeit
Und bemerkte auch,
Wie lange es in ihrer Phantasie gedauert hatte.

Diesen Brief tat ich in einen Umschlag,
Sandte ihn zurück
Und schrieb kein Wort dazu.
Schon nach zwei Tagen sandte sie mir
Meinen leeren Umschlag wieder,
Ohne jeden Kommentar.
Das habe ich nicht mehr verstanden.
Sonst verstrich die Zeit
Und brachte keine Heilung,
Und ich wartete umsonst.

Bei ihr,
Das hörte ich aus Kleinigkeiten,
Die die Freundin wusste,
Und aus einem Satz, den sie der Freundin gab,
Weil sie zu ihr vertraulich wurde,
Schien sich langsam eine Wandlung zu vollziehen.

Irgendwann erzählte sie der Freundin,
Dass sie ihre ,Weinerei nach innen‘
Hatte enden können,
Und sie wäre nun so weit,
Dass sie sich endlich
Mit viel Kraft und viel Verschleiß
Von mir befreien konnte,
Und sie sei nun etwas fester in der Spur.

Die Freundin hatte ich dazu bewegt,
Ihr einzureden, dass sie nicht mehr schreiben
Und sich nicht mehr telefonisch melden sollte.
Das versprach sie ihr
Und hielt sich auch daran
Und sagte gleich, dass sie das machte,
Um mir Zeit zu geben.,
Denn sie sähe manches ein,
Und ihre Drängelei sei sicher falsch gewesen,
Und ich stünde nun
Mit meinem Rücken an der Wand,
Dazu in einer Ecke
Und ich müsste mich von dort mit eigner Kraft,
Mit eigner Hilfe retten und befrei‘n.
So endeten doch die Gedanken an uns nicht,
Und alles, was wir dachten,
Überbrachte dieser Bogen hellen Lichtes,
Der riss nicht für einen Augenblick.

Ich hatte auch Gedanken,
Die ich vor mir selbst kaum eingestand:
Ich dachte oft an ihre Waffe,
Und ich hatte keinen Mut
Und hätte sie darauf nie angesprochen,
Und ich hatte doch,
Seit sie es mir erzählte,
Dauernd den Gedanken an den Tod,
Den wollte ich durch sie.

Dann dachte ich sofort,
Ich darf sie nicht in Schuld verstricken,
Und bei dem Gedanken hielt ich ein,

Und ich ertappte meinen Gott,
Wie er mir wieder über meine Schulter blickte,
Und ich nahm ihn grollend wahr
Und war dann froh,
Dass er sich zeigte.

Meine Dichtungen begannen langsam
In ein andres Wasser zu gelangen,
Und ich schrieb mit großer Freude.

Auch in der Familie sorgte ich
Für größere Gerechtigkeit,
Die hatte ich um meinetwillen
Meinen Launen ausgesetzt,
Das sollte besser werden,
Und ich wurde so zum Richter über mich.
Der fand, weil es in eigner Sache war
Kein Recht
Und übte sich in Milde, Nachsicht, Einsicht
Und verzichtete zum Schluss
Auf die Bestrafung ganz.
Ich kam nicht ohne Hinterhalt auf diesen Spruch,
Denn schlimmer als die Nichtbestrafung
War in mir die Stimme,
Die rief höhnisch
Und verlachte die Bestechlichkeit,
Und vor gerechten Richtern
Hätte ich nicht überdauern können.
Und ich dachte,
Winn ich andere belüge,
Warum dann nicht mich
Und redete mir ein,
Dass es nun langsam alles besser würde,
Und ich dachte jeden Tag an sie.
Ich dachte auch, weil es mich quälte,
Dir wächst dieser Buckel,
Leb mit ihm,
Du wirst ihn dir an keiner Wand
Vom Rücken scheuern können.
Und. es war nicht so,
Dass die Gedanken an die Frau

In mir Zufriedenheit, ein Glücksgefühl,
Bestätigung und warme Liebe übermittelt hätten,
Sondern, ausgewachsen, wie sie sich nun auf mir
Ausgebreitet hatten,
Brachten sie mir Dauerquälerei,
Die war nicht fort zu denken.

Über ihre Freundin lebte ich nun
In Gedanken mir ihr weiter.
Ihre Freundin blieb uns,
Ohne einen Botendienst zu machen, Botin.
Manchmal war ich in Versuchung,
Sie zu bitten, uns ein Wiedersehen einzurichten,
Doch ich wagte nicht den kleinsten Schritt.

Der Bogen hellen Lichtes
Stand auf meinem Kopf,
Und alles, was ich wissen wollte,
War, ob er bei ihr erloschen war,
Ob ich mich täuschte,
Oder ob es dieses Wissen um den anderen,
Von dem man nichts mehr wusste,
Wirklich geben konnte und auch gab.
Vielleicht, dass sie nun doch ein Kind bekäme,
Oder neue Freunde hätte,
Dass sie mich jetzt wissen lassen wollte,
Dass wir uns bescheiden müssten,
Dass uns alles zwänge, aufzugeben,
Dass wir letzten Endes aufgegeben hätten
Und nur noch der Funken einer Einsicht
Dazu nötig wäre.

Vor drei Monaten entschied sie sich,
Die Botin nicht mehr zu verwenden,
Und erkundigte sich auch nicht mehr nach mir
Und gab von sich nichts preis
Und war ein fremder Mensch.
Von einem Tag zum anderen,
Sprach nichts mehr aus,
Was auszusprechen wert gewesen wäre,

Und ließ mich von sich
Kein Sterbenswort mehr wissen.
So schien ich für sie
Nicht mehr zu existieren.

Diese Stille war bedrohlich
Und beruhigend zugleich.
Mit größter Vorsicht
Ging ich über ihre Freundin,
Um herauszufinden,
Was den Bruch entschieden hatte.

Die kam auch nicht weiter,
Und sie sagte mir,
Ich sollte doch nun froh sein,
Wenn sich wirklich alles so
Zu einem Ende neigen würde,
Und ich fragte sie, fast unter Tränen,
Ob sie es vergessen hätte,
Dass ich diese Frau doch liebte,
Und ich wüsste nicht warum,
Und wüsste selbst, dass es am besten wäre,
Stillzuhalten, doch ich müsste unbedingt
Ein Lebenszeichen von ihr haben.

Ihre Freundin sah in meine Not
Und mühte sich auf unsichtbaren Wegen,
Und es schien,
Dass sie mich wirklich missen wollte,
Missen konnte,
Und es kam kein Wort von ihr
Das nur an mich erinnert hätte.
Ich verstand nicht,
Dass sich dieser dünne Faden über unsre Botin
Hatte trennen lassen,
Hatte nicht gesehen, wie gefährdet er
Die Wochen, Monate gewesen war.
Ich war verzweifelt.
Trotzdem glaubte ich zu spüren,
Dass sie stärker noch als sonst,
Mit den Gedanken bei mir war.

Sie war erneut in meinen Kopf gebrochen,
Hielt die Plätze, die sie immer hatte,
Unbeirrt besetzt,
Und wollte sie nicht mehr verlassen.
Tag für Tag, zwölf Wochen,
Hatte ich in Ungeduld gewartet.
Auch, wenn ich die Freundin bat,
Nach ihr zu fragen,
Traf die auf den Schild,
Der wehrte alles ab.
Ich fragte nun die Freundin,
Ob ich einfach ein Gespräch mit ihr am Telefon
Versuchen, oder ob ich lieber
Ein für allemal vergessen sollte,
Und sie sagte:
„Rufen Sie sie an.
Wenn es so ist, wie es mir scheint,
Wird sie es sagen,
Und sie kriegen eine ‚kalte Dusche',
Die kann gar nicht schaden;
Wenn es nicht so ist,
Dann hat sie einen Grund,
Den wird sie sicher sagen.
Darum sollten Sie es, wenn sie meinen,
Ganz getrost versuchen,
Denn sie selber machen sich doch
Mit den dauernden Gedanken an die Frau kaputt".

So war ich froh für diesen Rat und rief sie an.
Sie war in einer andren Firma
Und in guter Position.
Ich dachte, dass sie mit dem Anruf
Gar nicht rechnen konnte,
Und er würde sie aus heit'rem Himmel treffen,
Und sie würde sicher nicht allein
In einen Zimmer sein.
Als sie mich in der Leitung hörte
Und ich ihre Stimme wieder wahrnahm,
Waren es die Zauberworte unserer Erlösung.
Sicher würde sie, das dachte ich,
Mit einer Röte, die ich kannte, überzogen.

Ihre Stimme änderte sich augenblicklich,
Und sie schien es nicht zu glauben,
Dass sie meinen Namen hörte.
Ich war vorsichtig genug und sagte:
„Darf ich mit dir sprechen,
Hast du etwas Zeit?"
Sie sagte: „Ja, sag, was du willst,
Ich höre zu".
Und ich begann, so schnell es ging;
Und auch so ordentlich ich konnte:
„Weißt du, seit drei Monaten
Hör ich kein Sterbenswort von dir.
Das halte ich nicht aus.
Ich will nur wissen, wie's dir geht,
Und dir zwei Sachen sagen, wenn ich darf".
„Ich hör ja zu".
Sie war ganz lieb
Und doch auch fest in ihrem Willen.
„Erstens ist es so, dass ich noch immer
An dich denk,
Das geht so Tag für Tag und hört nicht auf".
„Du bist ein Dummer", sagte sie,
„Es geht dir so wie mir,
Das wird sich auch nicht ändern".
„Woher weißt du das.
Wir sind doch so weit auseinander,
Und wir sehen uns nicht mehr
Und hören nichts mehr voneinander".
Sie war im Gespräch für Augenblicke unterbrochen
Und erledigte dort irgendetwas.
Dann kam sie zurück.

Ich sagte noch einmal:
„Ich kann das nicht verstehen".
Darauf sie:
„Das ist so, das ist unser Schicksal".

Daran hatte ich noch nicht gedacht,
Dass es ein Zustand hatte werden sollen,
Der so bleibt und ist und der besteht
Und eine Sonne wird,

Ein Stern am Himmel,
Etwas, das selbst einen Tagesablauf haben würde,
Ein Bedürfnis, ein Verlangen,
Eine Sache, die so ist, weil sie so ist,
Ein Schicksal einfach.
Nein, das hatte ich noch nicht bedacht.
Ich sagte: „Zweitens wollte ich
Nur deine Stimme hören.
Wollte wissen, ob es dich noch gibt.
Ich hab auch deine Freundin angesprochen“,
Und erzählte, dass die mir die ‚kalte Dusche‘
Angedeutet hätte.
Darauf sagte sie:
„Du brauchst für alles sehr viel Zeit,
Das hab ich eingesehen,
Und ich warte“.
Sie war ruhig, und es war,
Als wäre alles in der besten Ordnung.
„Also“, sagte sie, „wann werden wir uns sehen?“
Damit hatte ich nun nicht gerechnet
Und versuchte abzulenken:
„Von der Freundin habe ich gehört,
Dass du die Haare anders trägst, viel kürzer,
Dass ich dich vielleicht nicht mehr erkenne,
Und noch eines sag mir,
Die Geschichte mit dem Kind von mir
Ist doch aus deinem Kopf?“

„Du kannst ganz ohne Sorgen sein“.

Ich fragte sofort nach:
„Du kriegst ein Kind? Ich gratuliere,
Das hab ich mir fast gedacht“.
Ich war erleichtert, wenn ich gleich
Auch einen Stich verspürte,
Und ich dachte:
‚Meine Liebe, meine Liebe habe ich verloren‘.
Es wär aber eine Lösung, wenn sie schwanger wäre,
Ich gewönne Abstand und Vernunft,
Und sicher war das auch der Grund,
Warum sie sich in Schweigen hüllte.

„Merk dir", und sie sprach ganz leise,
„Das, wovon wir sprechen,
Wünsche ich mir nach wie vor von dir
Und nur von dir und keinem anderen,
Und darum nehme ich jetzt auch die Pille.
Du kannst ohne Sorgen bei mir sein".
Und dann:
„Wann können wir uns treffen?"

Gott, so dachte ich,
Auf was lass ich mich wieder ein.

Wir würden uns nun übermorgen Abend
Um halb fünf vor dem Gebäude treffen,
Wo sie tätig war,
Und hätten Zeit bis gegen sieben,
Danach müsste ich zu einer Feier,
Die war unumgänglich.
Und sie war zufrieden,
Und sie sagte noch:
„Ist dir jetzt wieder wohler,
Geht's dir besser?"
Und ich sagte:
„Wie soll ich es dir beschreiben.
Ja, ich bin erleichtert,
Ich bin froh, bin sehr, sehr froh".
Ich dachte, nun hab ich
In meiner Felswand
Wieder eine Tür gefunden.
Und dies war das erste Mal,
Dass ich mich nicht um mein Gewissen kümmerte,
Zu groß war die Erleichterung,
Es regte sich auch nicht,
Und alles hatte seine Richtigkeit.

Zwei Stunden vor der Zeit
War ich am Platz.
Ich dachte, dass ich Blumen hätte kaufen müssen
Oder ein Geschenk,
Vielleicht ein Schmuckstück.
Doch die Blumen hätte sie nicht angenommen,
Und ein Schmuckstück, dachte ich,
Hätt sie in Schwierigkeiten bringen können.
Außerdem, war mir der Schmuck
Der ihr gefallen könnte,
Nicht so, wie ich ihn an Frauen
Schön gefunden hätte.
Schmuck ist auch ein Teil der Künstlichkeit
An einem Menschen,
Und die lehnte sie fast gänzlich ab.
Ich konnte mich zum Beispiel
Nicht daran erinnern,
Dass sie jemals einen Lippenstift benutzte
Oder ihre Augenlider nachgezogen hätte.
Es lag daher nahe, ihr von meinen Texten
Einige als Vorabzüge mit zu bringen.

Als ich vor dem Haus ein wenig abseits stand,
Schlug mir das Herz bis in den Hals.
Das Warten wurde lang,
Dann kam sie plötzlich aus der Tür
Und auf mich zu.
Sie hatte sich, bis auf die Haare,
Nicht verändert.
Schmal war sie und etwas blass.
Ich sagte gleich:
„Da bist du ja", und küsste ihre Stirn.
Sie ging in Hosen,
Das mag ich bei Frauen nicht so gerne,
Und trug eine kurze Jacke
Und darunter einen einfachen Pullover.
So war sie nicht übermäßig weiblich angezogen,
Und die neuen Haare machten sie mir fremd.
„Ich hab den Wagen", sagte ich,
„Wir können aber auch spazieren gehen".
„Ja, dann lass uns doch ans Wasser fahren,

Dass wir etwas laufen können".
Sie erinnerte sich an das Treffen,
Das ich noch am Abend haben würde,
Und sie sagte:
„Dann sind wir auch in der Nähe
Deiner Festlichkeit".
Mir war es recht.
Bis wir am Wagen waren,
Sprach sie über ihre neue Arbeit
Und von Einzelheiten und benutzte Namen,
Die mir gar nichts sagen konnten,
Und ich fragte:
„Hast du einen guten Posten?"
Dass sie mir ihn ganz genau erklären konnte.
Dann von mir:
„Freust du dich nicht,
Dass wir uns sehen?"
Sie blieb stehen, sah mir ins Gesicht
Und sagte:
„Sag mal, merkst du das denn nicht?"
Ich sagte: „Doch, natürlich.
Wenn ich dich hier auf der Straße küssen würde,
Wär das schlimm für dich?
Ich meine, kennen dich hier irgendwelche Leute
Aus der Firma?"
„Das ist mir egal".
Ich küsste sie, doch das blieb flüchtig,
War nur, dass ich eine Oberfläche streifen konnte.
Davon blieb nichts hängen,
Nichts blieb haften,
Und ich fragte sie, ob ich ihr,
Statt der Blumen, die sie doch nicht nehmen würde,
Manuskripte schenken dürfte
„Die sind nur ein Vorabzug.
Wenn sie dich intressieren,
Möchte ich sie dir gern schenken".
Und sie sagte einfach: „Ja".

Als wir im Auto saßen, küsste ich sie noch einmal.
Sie schloss die Augen nicht
Und schickte ihren Blick,

Wie ich ihn kannte, wieder in die Ferne,
Dass sie mir gelangweilt schien.
Wir kommen, dachte ich, so nicht zusammen
Und fuhr los.
Sie kannte sich gut aus
Und lotste uns in eine Seitenstraße,
Dicht ans Wasser.
In dem Auto küsste ich sie nun nicht mehr.
Sie lehnte sich an mich
Und schloss die Augen.
Ruhe kehrte ein
Und Frieden schwebte über uns.

Wir sprachen nicht.
Dann kam sie wieder hoch, so dass ich dachte,
Dass sie meinetwegen still gehalten hätte,
Und ich hatte es nicht ausgenutzt.
Sie sagte:
„Lass uns gehen".

An dem Wasser war es frisch,
Obwohl die Sonne schien.
Sie sprach noch einmal von der Arbeit,
Und sie hatte dort wohl viel zu tun.
In dummer
Überheblichkeit und Selbstgefälligkeit
Sprach in von meiner Schreiberei
Und mir
Und meiner Häuslichkeit
Und meiner Frau,
Und dass ich mich von ihr in meiner Dichtung
Nicht verstanden fühlte.
Darauf sagte sie:
„Es hat doch keinen Sinn,
Sich bei mir auszujammern".

Das war hart;
Sie hatte auch noch recht dazu,
Und diese Zeit, die blieb,
War unsre Zeit,
Die mussten wir uns umeinander kümmern.

Und sie sagte noch,
Als könnte sie Gedanken lesen:
„In zwei Stunden
Kann man nicht ein Jahr nachholen,
Und auch nicht die Zeit davor.
Bis jetzt hast du dich stur und konsequent geweigert,
Dich mit mir nur einmal auszusprechen.
Immer waren wir vor fremden Ohren,
Nie mit uns allein.
In zwei, drei Stunden
Ist doch das nicht aufzuholen.
Außerdem sollst du mich nicht
Und will ich dich nicht mit Gedanken überrollen,
Die in dieser Zeit gewachsen sind.
Man wird dann nichts verstehen.
Jede einzelne der Überlegungen dahin
Ist wichtig.
Wenn man jetzt nur das Ergebnis sagt,
Fehlt doch der Sinn".
Das, was sie sagte,
Traf mich schlimmer als die erste Fremdheit
Von vorhin.
Dies war der Spalt,
Der zwischen uns gewachsen war,
Und alles, was wir taten, dachte ich,
Ist Schein und Scheinbarkeit,
Und sie ist wiederum am Ziel,
Wenn ich den Weg noch suche.
Darum schwieg ich nun.
Ich war zutiefst betroffen.
Mein Geschick, so dachte ich,
Ist doch von Anfang an verflucht.
Dann machte ich mich etwas grade,
Und ich wollte sie
Nicht mehr mit meiner Traurigkeit belasten
Und bat sie
Noch mehr von sich zu sprechen.
Dabei dachte ich:
„Ist sie die Frau,
Nach der ich suche oder ist sie's nicht".
Ich sah zwei Frauen vor mir,

Eine die ich kannte,
Und dieselbe, die ich kennen lernte.

Dann bat ich sie wieder in das Auto,
Und dort überlagerten sich erst die Bilder.
Um mit ihr zu reden, sagte ich,
Dass sie sich ihre Haare wieder länger
Wachsen lassen möchte.
Und sie sagte:
„Die Frisöse ist auf Reisen.
Wenn sie wiederkommt, lass ich sie wieder schneiden".
Und sie lehnte ihren Kopf an meine Schulter.
Manchmal konnte sie mit ihrem Widerspruch
Die Liebe zeigen.
Schließlich konnte sie mit ihren Haaren
Machen, was sie wollte,
Und ich sah ihr ins Gesicht
Und strich mit meinem Finger
Über ihre Haut und über ihren Mund
Und sagte:
„Lippenwanderer.
Wie soll ich nur beschreiben, was ich sehe".
Sie hielt still und hielt mich aus,
Und vor mir öffnete sich eine Landschaft,
Die war herb und melancholisch,
Weit und nah.
Es war ein Küstenstreifen.
Harte Wellen tobten über schroffe Steine,
Wasser spritzte hoch,
Die Sonne lag in einer Blauluft,
Buchten lauen Wassers gleich daneben,
Grüne Weideplätze,
Flächen, die sich boten,
Alles zu vergessen,
Und dazwischen lagerten die Dünen,
Gelber Sand verrieselte,
Die Gräser neigten sich fast gläsern über ihn.
Ihr Mund war eine winzig kleine Brandung,
Die ich hätte beißen mögen.
Meine Augen taten es für mich.
Ich sagte: „Du hast recht,

Wenn du behauptest, dass ich keine Liebe habe".
„Deine Liebe ist ein Beutezug.
Du raubst und liebst in Einem".
„Meine Liebe wäre dir zu häufig", sagte ich,
Und sie gestand,
Dass sie sich gerne häufig lieben lassen würde,
Und ich dachte so:
„Wenn ich sie nur betrachte,
Und nur ihr Gesicht berühre,
Ist sie schnell als Frau beleidigt,
Fasse ich sie aber an,
So wie ich möchte,
Werde ich mich nicht beherrschen können",
Und ich legte meine Hand auf ihre Brust,
In ihren Schoß,
Und küsste sie nur so,
Dass ich noch wusste, was ich tat.
Sie bäumte sich trotzdem ein wenig,
Und ich glaubte ihr die Lust auf Liebe.
„Soll ich mir ein Zimmer nehmen?"
Fragte sie.
„Dort kannst du mich besuchen,
Wann du willst".
„Du denkst nur an ein Kind von mir.
Hör bitte zu:
Wenn ich den Wunsch verstehen könnte,
Würde ich ihn dir erfüllen,
Aber ich versteh ihn nicht.
Wir nehmen einmal an,
Du kriegst ein Kind von mir, und dann?
Dann darf ich dich besuchen,
Und das Kind wird mir doch nicht vertraut.
Wie soll ich es denn lieben?
Das ist doch ein Mensch,
Der wird aus Fleisch und Blut.
Und, wenn ich dieses Kind nicht liebe,
Kann ich auch die Frau nicht lieben.
Also, sag mir bitte, was ich machen soll,
Ich weiß es nicht".
„Vergiss es", sagte sie,
„Das hat ja sowieso noch Zeit.

Vielleicht will ich es auch noch gar nicht".
„Warum muss es denn von mir sein.
Du sagst selbst, dass du von deinem Mann geliebt wirst,
Und dass du ihn liebst".
Sie wurde laut:
„Ich weiß es selber nicht
Und kann es nicht erklären,
Und ich will das Kind von dir.
Es muss ja noch nicht jetzt sein".
„Außerdem", so sagte ich,
„Ist jeder Mann normalerweise tief verschreckt,
Wenn er nur dafür vorgesehen ist".
Sie sagte noch einmal:
„Vergiss es ganz".
Ich sagte: „Du hast recht,
Und ich war viel zu dumm.
Man kann nicht in so kurzer Zeit
Versuchen aufzuholen,
Was ganz langsam wächst.
Ich hatte vor, dir vieles zu erzählen".
„Es ist schlecht,
Den anderen mit den Ergebnissen zu überfahren,
Ohne zu erklären, wie man dazu kommt.
Das dürfen wir nicht erst versuchen".
Sie nach langer Pause:
„Wenn *wir* uns nicht lieben können,
Dann gelingt es mir mit keinem anderen".

Die Zeit war fast vorbei,
Ich musste zu dem Treffen.
Sie kam mit und sagte unterwegs:
„Lass doch die Feier sein
Und komm mit mir. Ich bin allein".
„Du weißt doch, dass ich das nicht tu`,
Du hast doch einen Mann, und ich hab eine Frau".
„Dann lassen wir uns scheiden,
Willst du das?"
Ich sagte:
„Niemals würd ich das von dir verlangen,
Und ich kann und will mich auch nicht scheiden lassen".
Dann war kaum noch Zeit.

Ich musste drängen.
Sie verbarg nun eine kleine Wut
Und sagte:
„Du hast Zeit genug.
Sag mir ganz ehrlich,
Bist du du, bist du du selbst,
Wenn du zu dieser Feier gehst?"
Ich lachte:
„Du bist gut.
Natürlich bin ich nicht ich selbst,
Sonst ginge ich nicht hin,
Das weißt du doch".
Und dann verzweifelt:
„Was soll ich denn machen?"

Sie zog ihre Jacke an, nahm ihre Sachen
Und das Manuskript und sagte:
„Wenn du wiederkommst, wart ich auf dich",
Und drehte sich auf ihren Hacken um
Und ging.

Ich rief ihr nach,
Sie hätte ja kein Abschiedswort gegeben
Und rief ihren Namen hinterher.
Sie ging und blieb nicht stehen.

Spät nach Mitternacht,
Kam ich zurück zu meinem Wagen,
Und sie war nicht dort.
Ich atmete ganz tief und war erleichtert.
An der Windschutzscheibe,
Unter einem Scheibenwischer,
Steckten ein paar Zeilen, ein Gedicht von ihr,
Das mir gefiel, ich fand es gut
Und sah,
Sie sprach nun endlich meine Sprache:

Rückzug

Deine Wirklichkeit
Lässt du zum Schein verkommen
Du bist verkommen
Zu dem, der du meinst zu sein.

Eine kleine Insel
Auf die du dich
In Panikfällen flüchten kannst
Ist dein Verhängnis.

Immer stehst du zwischen dir
Und deiner Wirklichkeit
Warum lässt du dich nicht sein

Sie hatte recht, ich hatte recht.
Sie war an mir die mörderische Ärztin,
Die ich suchte, der ich meinen Tod empfahl.
Sie hatte das Skalpell in ihrer Hand.
Mein Herz schlug schnell und hart.
Ich fuhr mit meinem Auto überschnell nach Haus
Und zog mich dort gleich völlig aus
Und trat vor einen großen Spiegel,
Und es schien, weil ich es wollte,
Dass mir heute Nacht
Der Buckel ausgewachsen war,
Ein Monstrum,
Den würd ich in meinem Leben
Nicht mehr leugnen können.

Veröffentlichungen von Harald Birgfeld in Druck und Herstellung
bei Books on Demand GmbH, 22848 Norderstedt und online.

Lyrik:
Alsterwanderweggedichte, 41 zeitgenössische Gedichte,
(illustriert), 48 S.
..and I said to myself, what a wonderful world, 36 Gedichte
mit fantastischen Inhalten, 44 S.
**Auf deiner Reise zum Rande im Rande des Randes der
Sonne** 187 Gedichte: Im Innern der Sprache werden Kräfte
freigesetzt. 184 S.
Bärbel und Harald, Epos, Gedicht in 93 Teilen
Die Frau des Terroristen, 53 Facettengedichte
Die Insassinnen, Epos, Lyrik, Außenlager KZ-Sasel, 136 S.
Die Zeit der Gummibärchen ist vorbei, 76 zeitgenössische
Gedichte, (illustriert), 108 S.
Feuer, das zur Speise wird, 114 Gedichte aus meiner digitalen
Welt, 68 S.
Für dich..., 43 Liebesgedichte und 15 Augen-Blicke, 32 S.
Gedichte, veröffentlicht in ausgewählten Anthologien, und
Namenlos von meiner Insel, **42 Briefe, Lyrik, 108 Seiten,**
Großes Liebestestament, 68 Liebesgedichte, 144 S.
Honigweißer Duft, 14 fantastische Gedichte, 32 S.
dabei 14 farbige Seiten.
Im Reißverschluss der Illusion, 57 Facettengedichte
Liebestestament, 37 Gedichte Liebeslyrik, 44 S.
Mund aus Glas am Rand aus Fleisch, 114 Gedichte,
Schwarze Liebeslyrik, 120 S.
Sofortige Lähmung, 112 Gedichte aus dem Innersten, 72 S.
Unter einem Mikroskop, 36 Gedichte für eine parallele Welt,
28 S.
Von Haut zu Haut, 132 Gedichte: Was macht meine Liebe an dir
und an mir mit mir und mit dir? Liebeslyrik. 48 S.
Wir gerieten in den Gürtel der Meteoriten, 10.000 Aufschläge,
Band 14: Aufschläge 6502 – 6999, ca. 500 Strophen aus
einem Zyklus von 10.000 Strophen. Lyrik. 224 Seiten
Wo die schwarzen Blätter wachsen, 129 erotische Gedichte?
76 S.

Lyrik von Harald Birgfeld erschien in mindestens 27 Anthologien

Prosa:

Die Tätowierungen der jungen Tanja W. : „Die Tätowierungen der jungen Tanja W." handelt von der Selbstsuche und Selbstfindung einer jungen Frau, 132 S.
Fünf Veröffentlichungen/Five Publications (deutsch/englisch),
32 S. Format A5 (1 Band)
Theorie und Utopie der eigenen Zeit,
Theorie und Utopie der anderen Zeit.
Die Zeit der Gleichungen ist vorbei
Societ lyrics, was ist das?
Folienbilder-Entstehung
Kleine Fibel Arbeitsschutz (für die praktische Arbeit) an:
„Hochschulen", „Kindergärten", „Schulen" (3 Bände)
Trennung von B.
Phänomen, Trennung, 2017, 148 S. A 5
Pina Bausch, Nachruf, **Vom Sterben nach dem Tod,**
Warten auf die Anderen,
Trennung erster, zweiter und dritter Art, 104 S. A5

Weitere Veröffentlichungen von Harald Birgfeld, derzeit **online**
unter **www.Harald-Birgfeld.de**
Im Volltext für jedermann zugänglich und einsehbar.

Lyrik:

Die Insassinnen, Theaterstück, Außenlager KZ Sasel, 3 Akte
Gespräche dritter Art, 90 zeitgenössische Gedichte
Gespräche zweiter Art in Art der Art, 89 zeitgenössische
Gedichte
Wir gerieten in den Gürtel der Meteoriten, 10.000 Aufschläge,
23 Gedichtbände